国家高技能人才
培 训 教 程

数控机床装调与维修一体化实训教程

SHUKONG JICHUANG ZHUANGTIAO YU WEIXIU
YITIHUA SHIXUN JIAOCHENG

主　编　叶晓刚
副主编　高绍峰　吴家斌

云南大学出版社
YUNNAN UNIVERSITY PRESS

图书在版编目（CIP）数据

数控机床装调与维修一体化实训教程 / 叶晓刚主编
. -- 昆明 : 云南大学出版社 , 2020
国家高技能人才培训教程
ISBN 978-7-5482-4149-2

Ⅰ. ①数… Ⅱ. ①叶… Ⅲ. ①数控机床—安装—高等职业教育—教材②数控机床—调试方法—高等职业教育—教材 Ⅳ. ① G659

中国版本图书馆 CIP 数据核字 (2020) 第 192413 号

策　　划：朱　军　孙吟峰
责任编辑：张　松
装帧设计：王婳一

国家高技能人才培训教程

数控机床装调与维修
一体化实训教程

主　编　叶晓刚
副主编　高绍峰　吴家斌

出版发行：云南大学出版社
印　　装：昆明理煜印务有限公司
开　　本：787mm×1092mm　1/16
印　　张：6.75
字　　数：148 千
版　　次：2020 年 11 月第 1 版
印　　次：2022 年 8 月第 2 次印刷
书　　号：ISBN 978-7-5482-4149-2
定　　价：45.00 元

社　　址：云南省昆明市翠湖北路 2 号云南大学英华园内（650091）
电　　话：（0871）65033307　65033244
网　　址：http://www.ynup.com
E－mail：market@ynup.com

编委会

前　言

根据人社部《技工院校一体化课程教学改革试点工作方案》（人社厅发〔2009〕86号）、《关于大力推进技工院校改革发展的意见》（人社部发〔2010〕57号）精神，我们围绕国家新型工业化和地方产业结构调整对技能人才的要求，坚持“市场引导就业、就业指导办学、品牌稳定规模、办学服务社会”的办学方针，遵循“校企双制、工学一体、多元办学、特色立校”的办学理念，加大教学改革力度。建立以职业活动为导向、以校企合作为基础、以综合职业能力培养为核心，理论教学与技能操作融会贯通的课程体系，提高技能人才培养质量。以国家“示范校”建设为推动，深化技工教育人才培养模式改革，加快“工学一体”的内涵建设，加快一体化师资队伍建设，加快校内外一体化实习基地建设，加快高水平示范性国家级技师学院建设，为经济发展、科技创新、社会进步做出新贡献。

一体化教材、学材的编写体现了“以职业能力为培养目标，以具体工作任务为学习载体，按照工作过程和学习者自主学习要求设计和安排教学活动、学习活动”的一体化教学理念，遵循了能力本位原则、学生主体原则、课程标准原则、理论知识“适用、够用”原则、可操作性原则。教材按照工作过程编写，学材按照学习过程编写。工作过程与学习过程分两条线，各自成体系，又相互关联、密切配合。基于工作过程的教材，从教学的角度编写，呈现结构清晰完整的工作过程，介绍全面系统的工作过程知识，具体解决做什么、怎么做的问题；基于学习过程的学材，站在学习与工作同时进行的角度编写，紧紧围绕基于工作过程的教材内容，设计体系化的引导问题，具体解决学什么、怎么学、为什么这么做、如何做得更好的问题。

本书共有3个模块，主要内容包括数控机床故障诊断与维修（2个任务）、数控机床系统连接与参数设置（3个任务）、数控机床螺距误差检测与补偿（3个任务）。每个任务主要包括任务简介、学习目标、知识要点等环节。每个任务实施分为若干个活动，每个学习活动主要包括活动目标、活动描述、相关知识、活动准备、实施过程等环节。

编　者

2020年5月

目 录

模块一　数控机床故障诊断与维修 ………………………… 01

任务 1　数控机床控制电路故障诊断与维修 ………………… 01
任务 2　数控机床常规维护与保养 ……………………………… 15

模块二　数控机床系统连接与参数设置 …………………… 22

任务 1　数控系统的硬件连接 …………………………………… 22
任务 2　数控系统的数据备份 …………………………………… 37
任务 3　数控系统参数的设定 …………………………………… 43

模块三　数控机床螺距误差检测与补偿 …………………… 67

任务 1　数控机床螺距误差产生原因及分析 ………………… 67
任务 2　步距规对螺距误差产生补偿及应用 ………………… 71
任务 3　激光干涉仪对螺距误差产生补偿方法及应用 ……… 82

参考文献 ………………………………………………………… 97

模块一　数控机床故障诊断与维修

任务 1　数控机床控制电路故障诊断与维修

◇任务简介◇

本任务主要针对硬件电路产生的故障，让学生通过故障分析、故障诊断、线路检查、故障点确定等训练，具备数控机床控制电路的维修能力。

◇学习目标◇

1. 各功能电路工作原理。
2. 各功能电路故障分析。
3. 各功能电路故障排除。

◇知识要点◇

一、数控机床各功能电路说明

1. *急停功能*

如图 1-1-1 所示，按下急停按钮，继电器 KA10 释放，系统出现 EMG 报警。旋开急停按钮，继电器 KA10 吸合，一组触点接通 X8.4（16—17 号线），另一组触点接通伺服放大器 CX30（14—5 号线）（见图 1-1-2）。

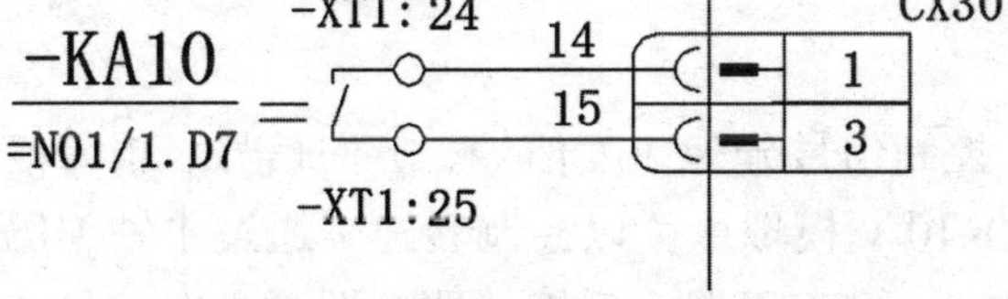

图 1-1-2　伺服放大器急停控制信号

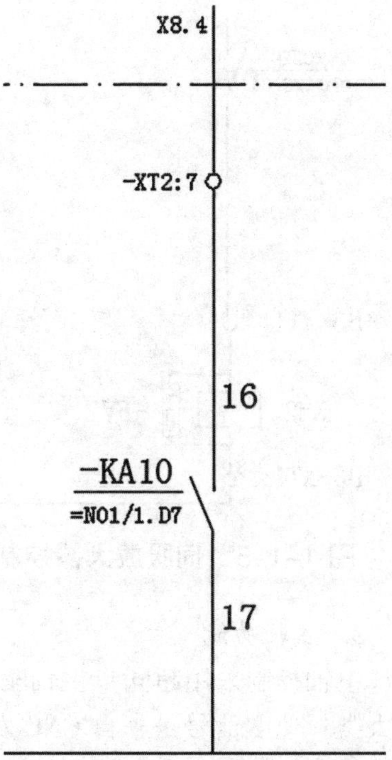

图 1-1-1　急停控制电路

2. 进给轴功能

急停恢复后，伺服放大器的 CX30（14—15 号线）闭合，系统通过自检，闭合伺服放大器的 CX29（U43—1—3 号线），CX29 闭合后，KM2（MCC）接触器吸合，伺服强电接通（U3—V3—W3），其强电是通过电源总开关 Q1—QF4 断路器—三相伺服变压器—KM2 接触器—伺服放大器。伺服放大器除了图 1-1-3 为伺服放大器急停控制信号，图 1-1-4 为伺服放大器自检控制信号，图 1-1-5 为伺服放大器控制电路，图 1-1-6 为伺服放大器主电源控制电路需要接强电外，还需要连接 24V 的直流控制电源。

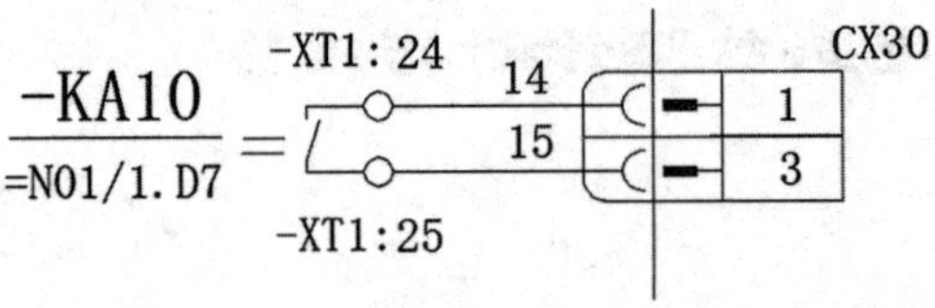

图 1-1-3　伺服放大器急停控制信号

图 1-1-4　伺服放大器自检控制信号

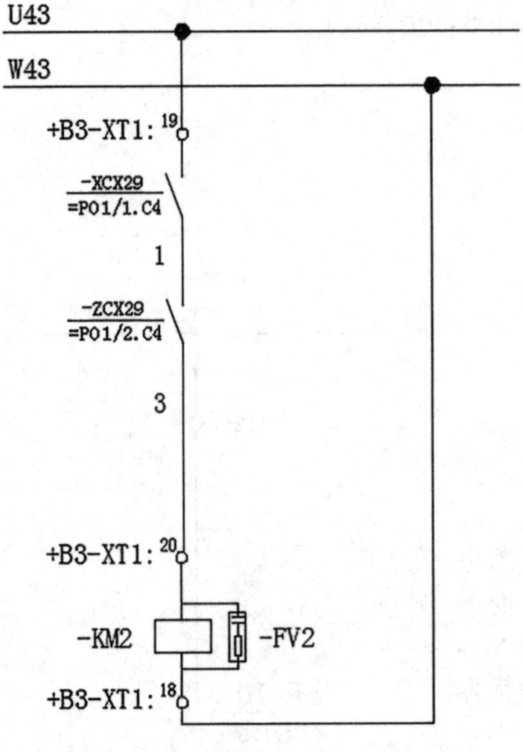

图 1-1-5　伺服放大器控制电路

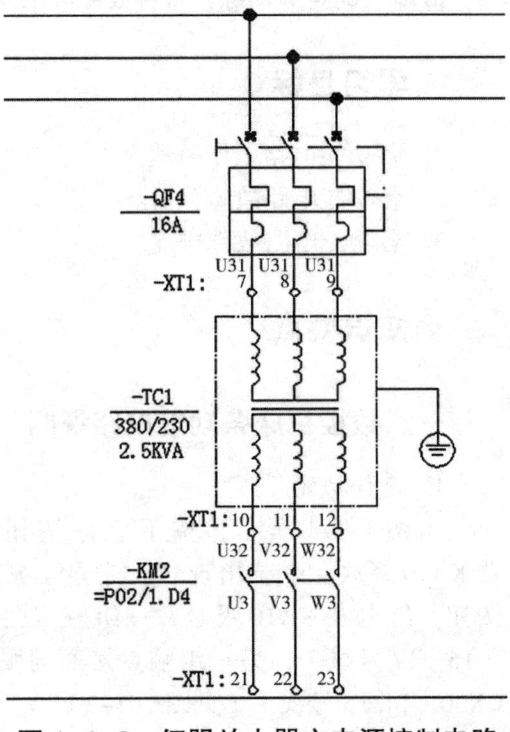

图 1-1-6　伺服放大器主电源控制电路

3. 主轴功能

主轴控制采用超同步主轴驱动器，控制信号分为速度信号、方向信号、报警信号三大类。速度信号是来自 CNC 发出的 0~10 V 模拟量，以控制转速，通过主轴编码器反馈给系统，同时在主轴电机尾部也要有一个编码器，反馈给驱动器。方向信号来自 PMC 的输出，主轴正转的地址是 Y8.0，通过 Y8.0 控制 XT2 继电器板上的 KA5，KA5

吸合后，常开触点接通主轴驱动器的 SV 与 I0 端；主轴反转的地址是 Y8.1，通过 Y8.1 控制 XT2 继电器板上的 KA6，KA6 吸合后，常开触点接通主轴驱动器的 SV 与 I1 端；实现主轴正反转。同时主轴还会发送报警信号给 PMC，报警信号地址是 X7.1。接通主轴驱动器的 MC 与 MB 端，正常时，X7.1 信号为 1，主轴有故障时，X 下信号为 0。主轴驱动器也是需要外接 24 V 直流电源，接在 SV—SC 端。

主轴驱动器的电源是通过电源总开关 Q1—QF3 断路器—主轴驱动器；主轴电机风扇是通过电源总开关 Q1—QF7 断路器—XS41（3）接插件—主轴风扇电机。图 1-1-7 为主轴变频器电源控制电路，图 1-1-8 为主轴电动机风扇电路，图 1-1-9 为主轴变频器控制原理图。

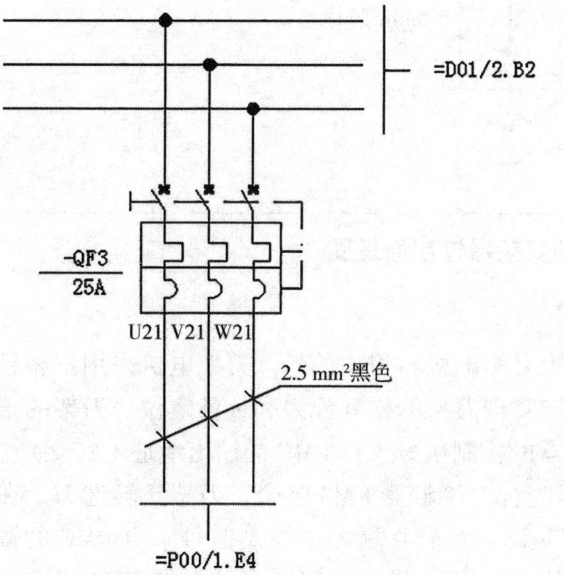

图 1-1-7　主轴变频器电源控制电路

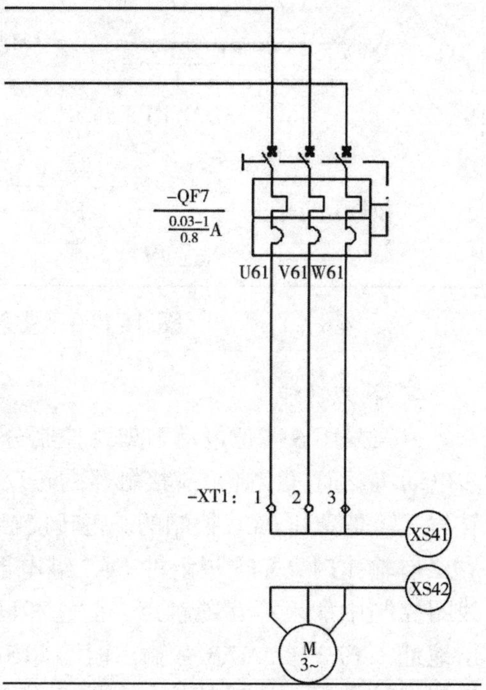

图 1-1-8　主轴电动机风扇电路

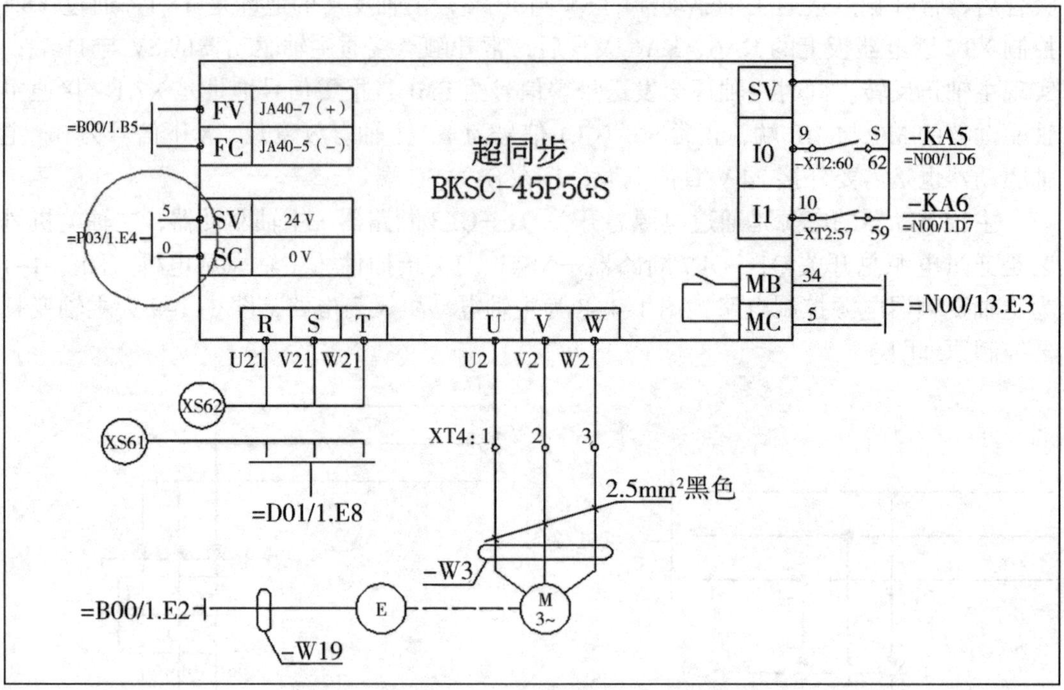

图 1-1-9　主轴变频器控制原理图

4. 换刀功能

刀架采用6工位电动刀架，控制分为刀架电机与刀位信号。刀架电机采用三相异步电动机，通过控制交流接触器的正反转实现刀架的松开换刀和锁紧定位。刀架的正转与反转是受到PMC控制的。正转接触器的控制信号来自PMC的输出地址（Y7.2），Y7.2有输出时，XT5板上的KA7继电器吸合，接触器KM3吸合，刀架正转选刀，在线圈控制中加入了互锁触点，防止相间短路。反转接触器的控制信号来自PMC的输出地址（Y7.3），Y7.3有输出时，XT5板上的KA8继电器吸合，接触器KM4吸合，刀架反转锁紧。刀架的信号包含刀位信号和正位信号，正位信号是由微动开关发出的，刀位信号是由机械式编码器发出的，有信号时输出端与COM端接通，T1信号为X8.0，T2信号为X8.1，T3信号为X8.2，T4信号为X8.3，T5信号为X8.5，T6信号为X8.6，正位信号为X7.0。

图1-1-10为刀架电机电源电路，图1-1-11为刀架正反转控制电路，图1-1-12为刀架正反转信号控制电路。图1-1-13为刀架正位信号控制电路。

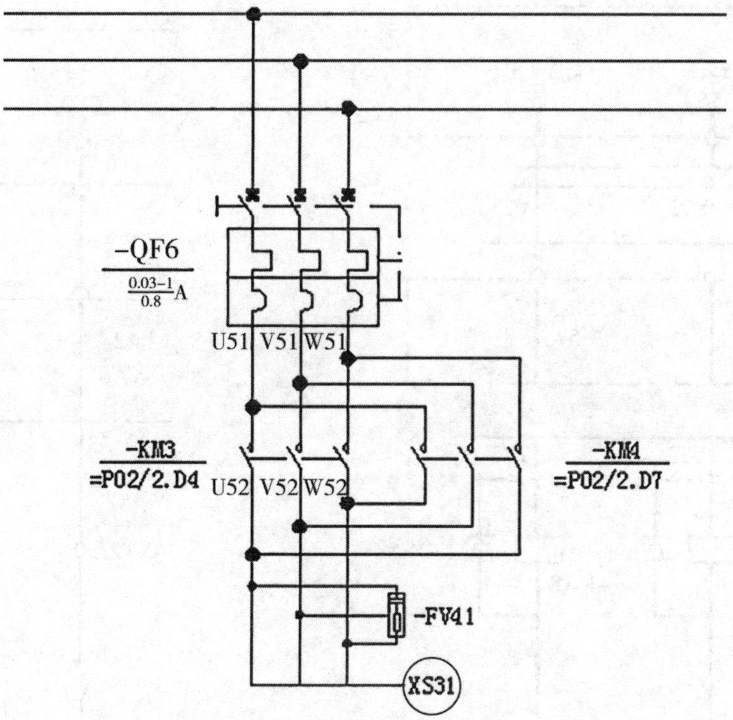

图 1-1-10　刀架电动机电源电路

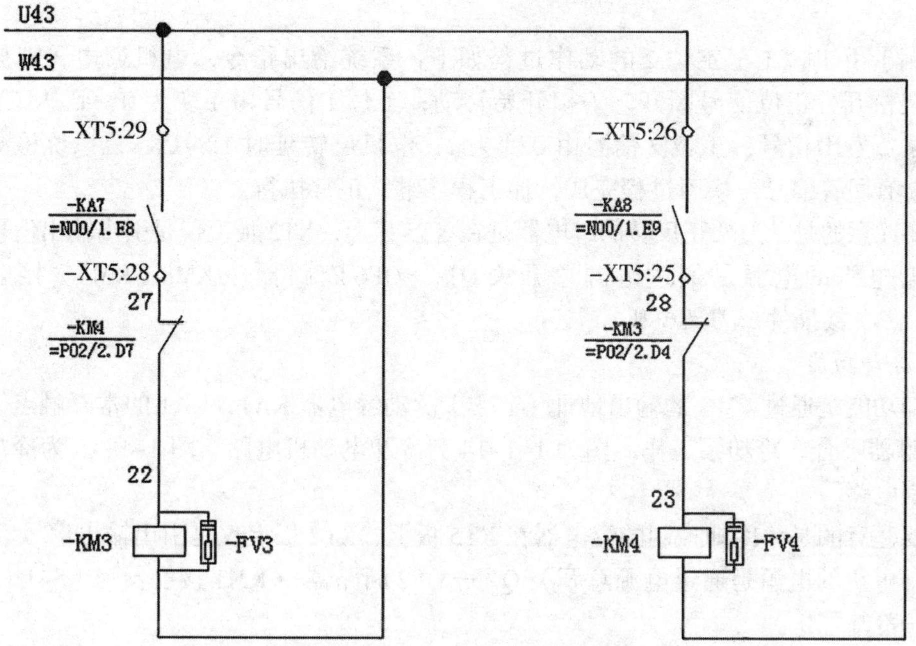

图 1-1-11　刀架正反转控制电路

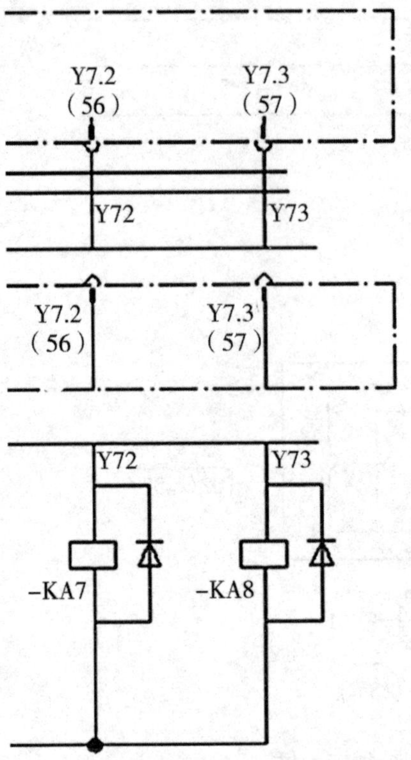

图 1–1–12　刀架正反转信号控制电路

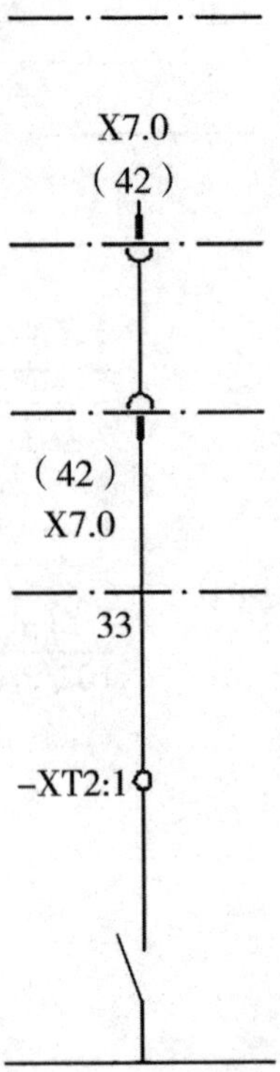

图 1–1–13　刀架正位信号控制电路

【例】由工位 1 至工位 2 的动作过程如下：系统给出指令，电机通电，刀架正转，刀架松开，正位信号断开，刀架开始转动；工位 1 信号由 1 变为 0，到达工位 2 时，工位 2 发出信号，工位 2 信号由 0 变为 1；电机反转延时 1.6~1.8 s，系统检测正位信号，有回答信号，换刀过程完成，加工程序继续正常执行。

需要注意的是，刀架正反转的继电器是在 XT5 板上，XT2 板上仅是引出输出信号。

刀架电机的电源是通过电源总开关 Q1 → QF6 断路器→ KM3（KM4）接触器→ XS31（3）接插件→刀架电机。

5. *冷却功能*

冷却功能是通过 PMC 的输出地址（Y7.7）驱动继电器 KA1，KA1 的常开触点使得 KM1 接触器吸合，冷却泵工作。图为 1–1–14 为冷却电动机电路，图 1–1–15 为冷却电动机控制电路。

需要注意的是，冷却控制的继电器在 XT5 板上，XT2 板上仅是引出输出信号。

冷却电机的电源是通过电源总开关 Q1 → QF2 断路器→ KM1 接触器→ XS41（3）接插件→冷却电机。

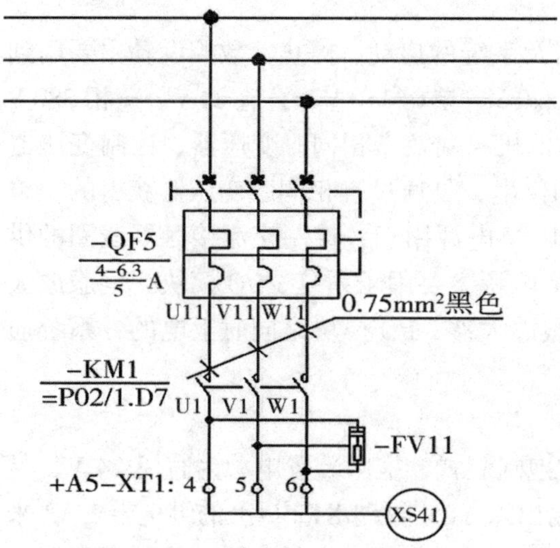

图 1-1-14　冷却电动机电路

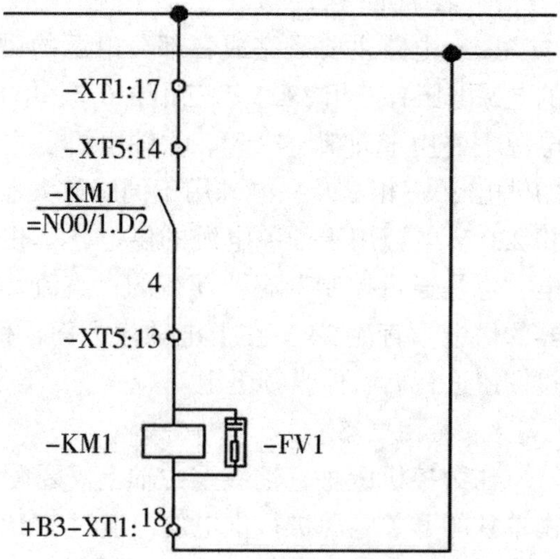

图 1-1-15　冷却电动机控制电路

6. 润滑功能

润滑功能是在急停恢复后，PMC 一直输出，其输出地址是 Y7.6。润滑泵是机械间隙式的，输入 220 V 交流电源，输出信号是液位信号，为一个机械式的开关液位到时接通。此信号提供给 PMC，作为液位报警使用，地址是 X8.7。

润滑泵电机的电源是通过电源总开关 Q1 → QF5 断路器—控制变压器→ QF8 断路器→ XS 接插件→润滑泵电机。

图 1-1-16 为润滑泵控制电路，图 1-1-17 为润滑泵信号控制电路。

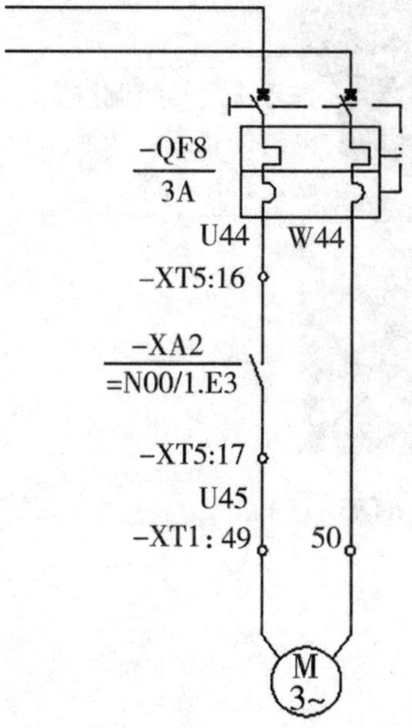

图 1-1-16　润滑泵控制电路

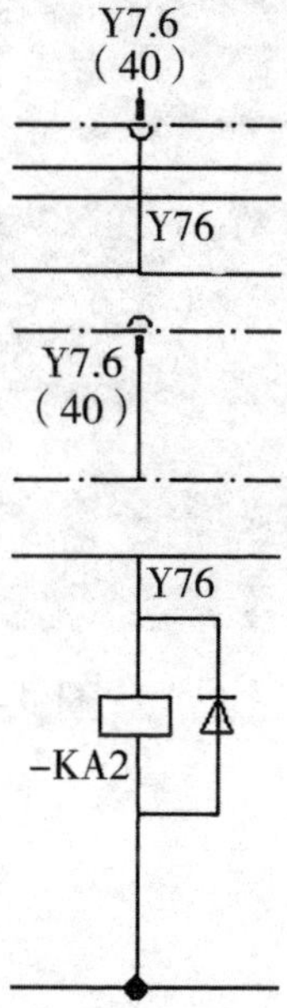

图 1-1-17　润滑泵信号控制电路

7. 控制电路

控制电路主要是完成各部分电源的供给及系统的启动、停止，数控设备主要用到的电源电压有三相 380 V、三相 220 V、单相 220 V、单相 110 V、直流 24 V。三相 380 V 电源主要用于刀架、冷却、主轴电机、主轴电机风扇及三相伺服变压器、控制变压器的供电 ；三相 220 V 电源用于伺服放大器的供电，是通过三相伺服变压器获得的；单相 220 V 电源用于开关电源的供电，单相 110 V 电源用于各控制交流接触器线圈的供电，也是通过控制变压器获得的；直流 24 V 电源主要用于系统、I/O 模块、伺服放大器的供电，直流 24 V 在上电顺序方面，伺服放大器、I/O 模块是同时上电的，系统通过按钮进行启、停自锁上电。

8. 抱闸电路

在数控机床垂直轴或重力轴上需要配置抱闸装置，抱闸装置电源为直流 24 V，是由单独的开关电源进行供电的，通过 PMC 输出点 Y8.4 驱动 XT2 板上的继电器 KA3 来完成抱闸的打开。抱闸电源的回路是：电源总开关 Q1 → QF5 断路器→控制变压器→开关电源→ XS71（3）接插件→ KA3 继电器→抱闸装置。

二、电气故障分析

1. 主轴正反转公共端短路

（1）故障现象：主轴不能正反转。

（2）故障检测方法：查看 PMC 输出状态及继电器输出指示灯（图 1–1–18），查看主轴驱动参数（图 1–1–19），断开总电源，用万用表测量主轴驱动器正反转控制电路（图 1–1–20）。

图 1–1–18　查看继电器输出指示灯

图 1–1–19　查看主轴驱动参数

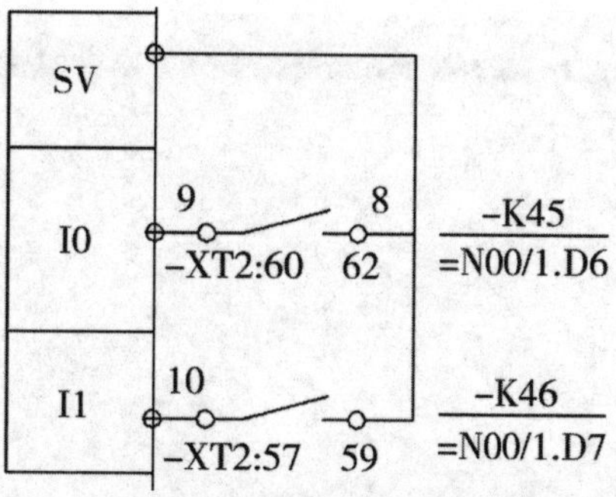

图 1–1–20　检查正反转控制电路

2. CX30 断路

（1）故障现象：出现 401 报警。

（2）故障检测方法 ：查看 358 诊断号，通过编译，检查 CX30。如图 1–1–21、图 1–1–22 及图 1–1–23 所示。

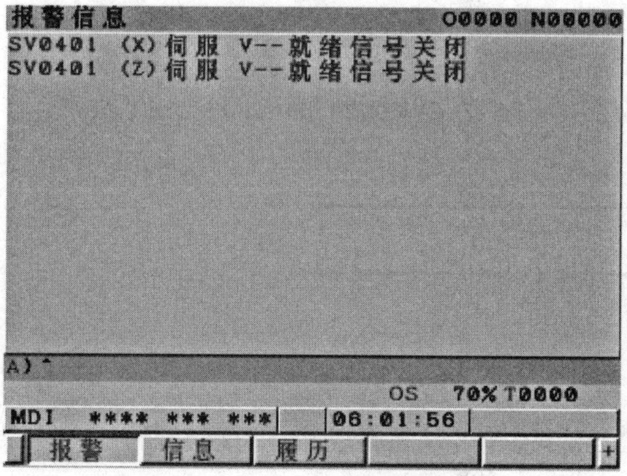

图 1–1–21　查看报警信息

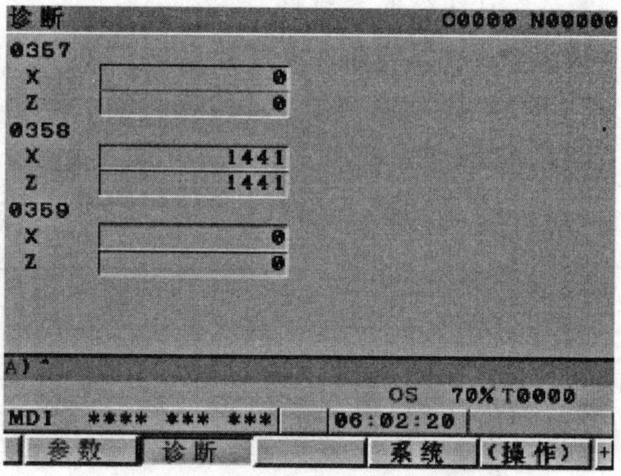

图 1–1–22　查看诊断信息

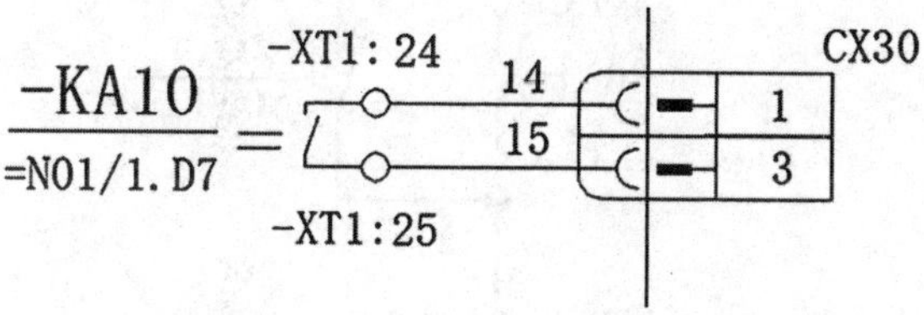

图 1–1–23　检查 CX30 接插件连接

3. X8.4 断路

（1）故障现象：急停不能复位。

（2）故障测试方法：查看 PMC 的 X8.4 状态，如图 1–1–24 所示。检查急停控制电路，如图 1–1–25 所示。

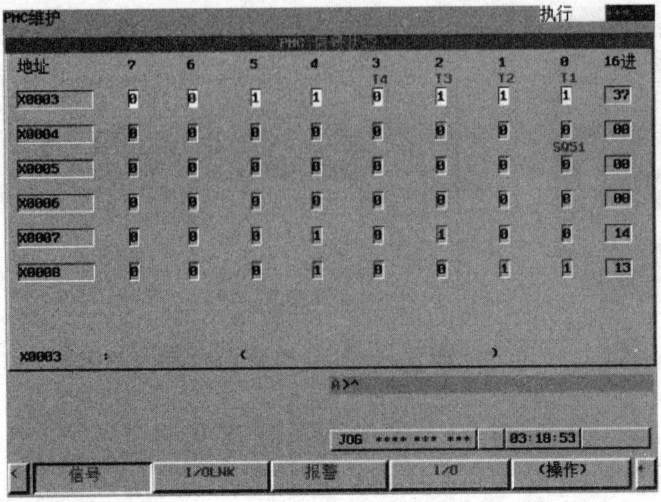

图 1-1-24　查看 PMC 的 X8.4 状态

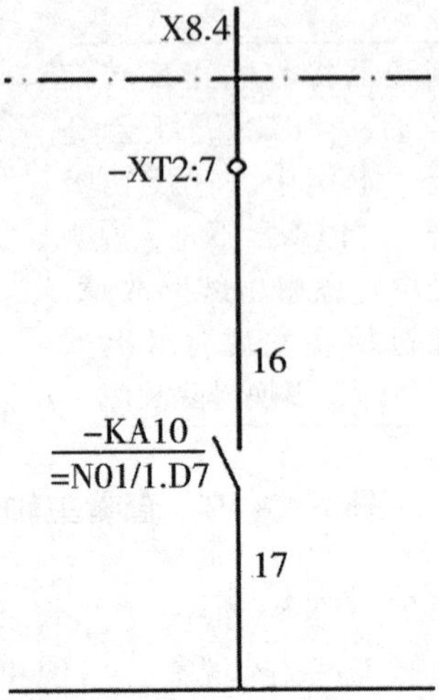

图 1-1-25　检查急停控制电路

4. 启动继电器断路

（1）故障现象：系统不能启动或运行中系统断电。

（2）故障检测方法：检查启动、停止按钮和启动控制电路，如图 1-1-26 所示。

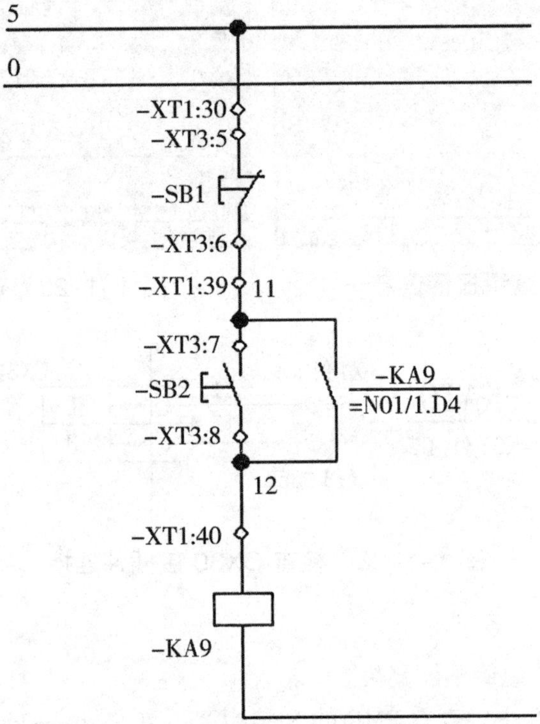

图 1-1-26　检查系统电源启动电路

5. 急停继电器线圈断路

（1）故障现象：急停报警不能恢复。

（2）故障检测方法：测试急停按钮与急停控制回路，如图 1–1–27 所示。

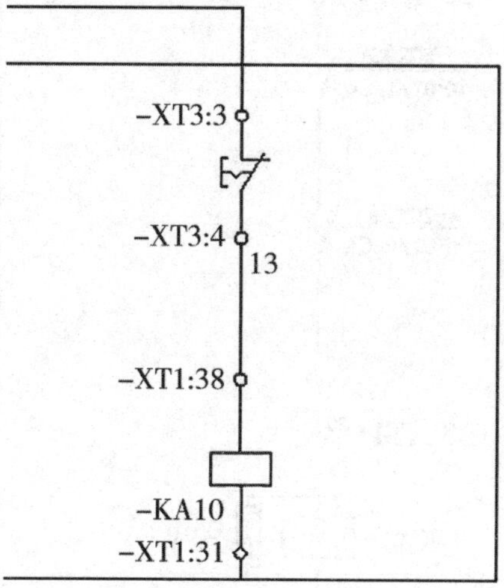

图 1–1–27　检查急停控制电路

6. MCC 接触器线圈断路

（1）故障现象：伺服驱动器不能上电，出现报警。

（2）故障检测方法：查看 358 诊断（图 1–1–28），测试 MCC 接触器控制电路（图 1–1–29）。

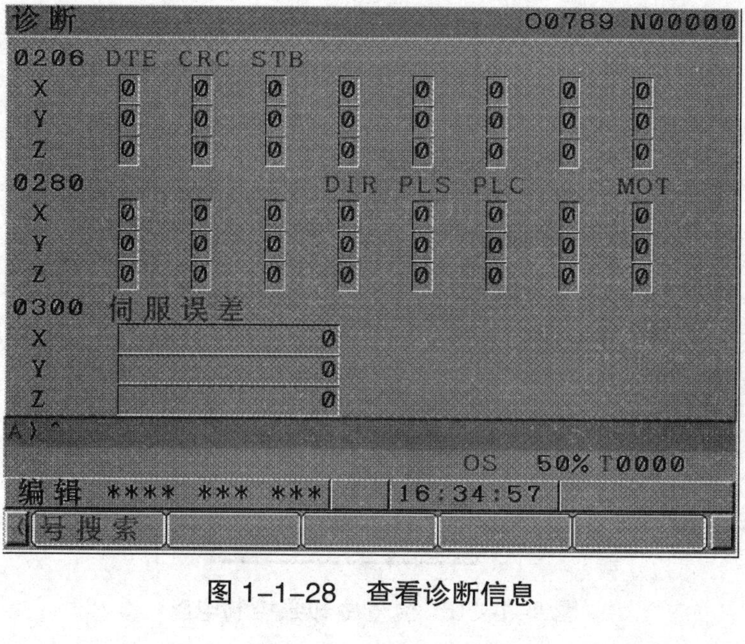

图 1–1–28　查看诊断信息

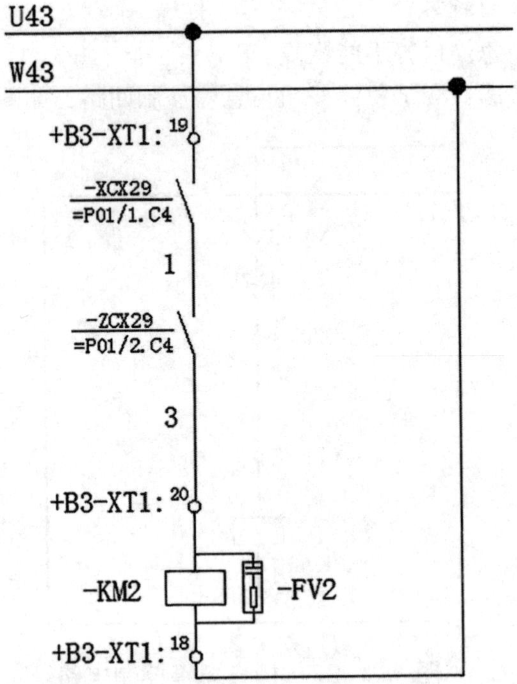

图 1-1-29　检查 MCC 控制电路

7. 冷却接触器线圈断路

（1）故障现象：冷却泵电机不运转。

（2）故障检测方法：检查冷却泵控制电路，如图 1-1-30 所示。

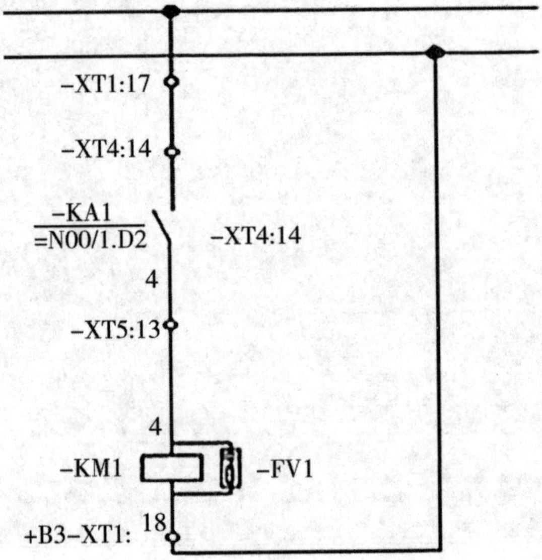

图 1-1-30　检查冷却泵控制电路

8. 开关电源 220 V 断路

（1）故障现象：开关电源无输出。

（2）故障检测方法：检查开关电源的电源进线电路，如图 1–1–31 所示。

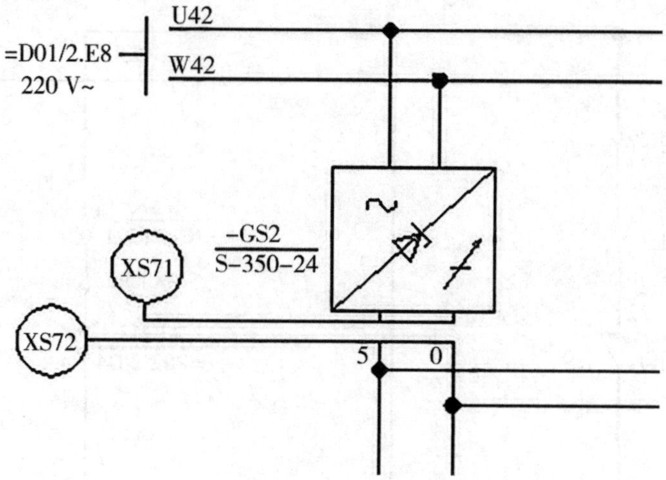

图 1–1–31　检查开关电源的电源进线电路

9. 110 V 电源断路

（1）故障现象：变压器无 110 V 输出。

（2）故障检测方法：检查变压器控制电路，如图 1–1–32 所示。

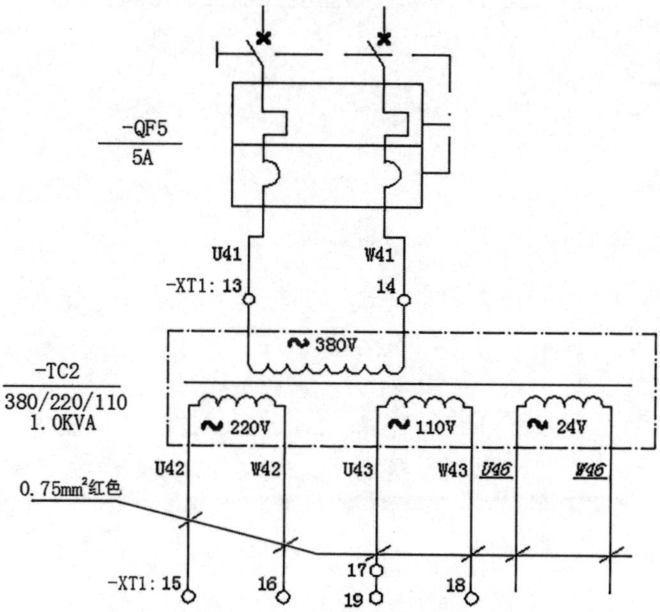

图 1–1–32　检查变压器控制电路

10. 刀架继电器 KM3 线圈断路

（1）故障现象：不能完成换刀。

（2）故障检测方法：查看 PMC 状态，检查刀架正反转控制电路（图 1-1-33）。

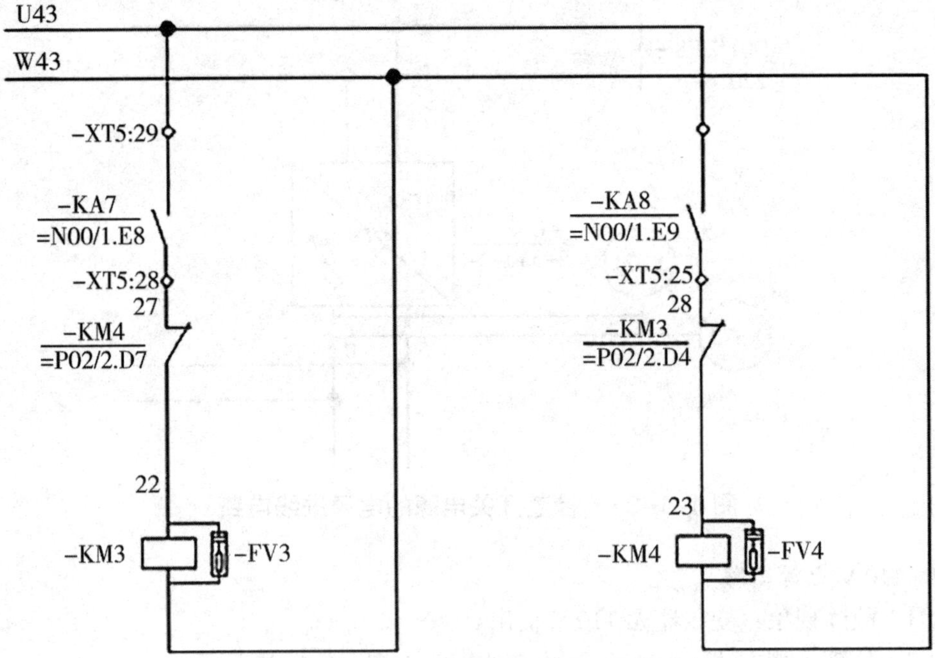

图 1-1-32 检查变压器控制电路

任务 2　数控机床常规维护与保养

◇任务简介◇

本任务主要是让学生通过对数控机床进行常规的维护与保养，从而了解数控机床预防性保养的内容和数控机床维护保养的各项要求，使数控机床能够正常高效地进行工作。

◇学习目标◇

1．认识数控机床维护保养的重要性
2．能对数控机床进行预防性保养
3．熟悉数控机床常规保养的各项要求

◇知识要点◇

一、数控机床日常维护的目的及意义

数控技术是数字信息对机械运动过程进行控制的技术，数控设备是以数控技术为代表的新技术对传统制造产业和新兴机械加工制造业的渗透形成的机电一体化产品，与普通机床相比较，数控机床不仅具有零件加工精度高、生产效率高、产品质量稳定、自动化程度极高等特点，它还可以完成普通机床难以完成或根本不能加工的复杂曲面的零件加工，因而数控机床在机械制造业中的地位显得越来越重要。其技术范围覆盖制造业的很多领域，是现代制造业的关键设备，也是企业提高效率和竞争力的关键设备。但是，我们应当清醒地认识到，在企业生产中，数控机床能否达到加工精度高、产品质量稳定、提高生产效率的目标，这不仅取决于机床本身的精度和性能，很大程度上也与操作者在生产中能否正确地对数控机床进行维护保养和使用密切相关。只有坚持做好对机床的日常维护与保养工作，才可以延长元器件的使用寿命，延长机械部件的磨损周期，防止意外恶性事故的发生，争取机床长时间稳定工作；才能充分发挥数控机床的加工优势，达到数控机床的技术性能，确保数控机床能够正常工作。因此，做好日常维护与保养，可使设备保持良好的状态，延缓劣化进程，及时发现和消灭故障隐患，从而保证安全运行。

二、数控机床的预防性保养工作

1. 预防性维护的重要性

数控机床在运行一段时间后，某些电器元件或机械部件难免会出现一些损坏或故障，对于这种高精度、高效益且又昂贵的设备，如何延长电器元件的使用寿命和零部件的磨损周期，预防各种故障，将恶性事故消灭在萌芽状态，从而提高机床的无故障工作时间和使用寿命，一个重要的方面就是要做好预防性维护工作。数控机床通常都是企业生产中较为要害的设备，运行中出现一些不正常现象，但也不一定会影响运行。生产任务较忙时往往让机床“带病”工作，没有及时做好预防维护工作，这样长时间使用之后，必然造成机床产生较大故障。在现在设备治理理念中，应做到事前维护而不是事后抢修，最大限度地发挥机床效率，同时也节约费用。

2. 预防性维护的主要部位及方法。

（1）严格遵守操作规程。

数控机床的编程、操作人员，必须经过专门的技术培训，熟悉所用机床的机械、数控系统、强电设备、液压、气动部分的有关知识以及机床的使用环境、加工条件等。能按机床和数控系统使用说明书的要求，正确、合理地使用机床，应尽量避免因操作不当引起的故障。通常，数控机床的故障相当一部分是由于操作、编程人员对机床的把握程度太低而造成的，同时设备治理人员应编制出完善、合理的操作规程，要求操作人员严格按照操作规程的要求进行正常维护工作，作好交接班记录，填写好点检卡。

（2）防止数控系统和驱动单元过热。

数控及驱动装置过热往往会引起许多故障，如控制系统失常，工作不稳定，严重的还能造成模块烧坏。由于数控机床结构复杂、精度高，因此对温度控制较严，一般数控机床都要求环境温度为20℃左右，同时机床本身也有较好的散热通风系统，在保证环境温度的同时，也应保证机床散热系统的正常工作。要定期检查电气柜各冷却风扇的工作状态，应根据车间环境状况，每半年或一季度检查清扫一次。

（3）监视数控系统的电网电压。

通常数控系统允许的电网电压波动在85%~110%，如超出此范围，轻则数控系统工作不稳定，重则造成重要的电子元器件损坏。因此要经常注重电网电压的波动，对于电网质量比较恶劣的地区，应及时配置适宜的稳压电源，从而降低故障的发生。

（4）机床要求有良好的接地。

现在很多企业仍在使用三相四线制，机床零地共接方式。这样往往会给机床带来诸多隐患。有些数控系统对地线要求很严格。如德国 DMU 公司生产的五轴联动加工中心，由于没有使用单独接地线，多次造成机床误动作甚至会烧毁整套驱动系统。因此，为了增强数控系统的抗干扰能力，最好使用单独的接地线。

（5）机床润滑部位的定期检查。

为了保证机械部件的正常传动，润滑工作就显得非常重要。要按照机床使用说明书上规定的内容，对各润滑部位定期检查，定期润滑。

（6）定期清洗液压系统中的过滤器。

过滤器假如堵塞，往往会引起故障。如液压系统中的压力传感器、流量传感器信号不正常，将会导致机床报警；有些油缸带动的执行机构动作缓慢，导致超时报警或执行机构动作不到位等情况。

（7）定期检查气源情况。

数控设备基本上都要使用压缩空气，用来清洁光栅尺、吹扫主轴及刀具，油雾润滑以及用气缸带动一些机械部件传动等，从而要求气源达到一定的压力并且要经过干燥和过滤。假如气源湿度较大或气管中有杂质，会对光栅尺造成极大的影响，甚至会损坏光栅尺。同时油雾润滑的气源中如含有水和杂质，则会直接影响润滑，尤其是高精度高转速的主轴。

（8）液压油和冷却液要定期更换。

由于液压系统是封闭网路，液压油使用一段时间后，油质会有所改变，影响液压系统的正常工作。因此必须按规定定期更换。

（9）定期检查机床精度。

机床使用一段时间后，其精度肯定会有所下降，甚至有可能产出废品。通过对机床几何精度的检测，有可能发现机床的某些隐患，如某些部件松动等。用激光干涉仪对位置精度定期检测，如发现精度有所下降，可通过数控系统的补偿功能对位置精度进行补偿，恢复机床精度，提高效率。

（10）定期检查和更换直流电动机电刷。

一些老数控机床上使用的大部分是直流电动机，其电刷的过度磨损会影响其性能，因而必须定期检查电刷。数控车床、数控铣床、加工中心等应每年检查一次，频繁加速机床（如冲床等）应每两个月检查一次。

（11）要注重电控柜的防尘和密封。

车间内空气中飘浮着灰尘和金属粉末，假如电控柜防尘措施做不好，金属粉末很容易积聚在电路板上，使电器元件间绝缘电阻下降，从而出现故障甚至使元件损坏。这一点对于电火花加工设备和火焰切割设备尤为重要。另外有些车间卫生较差，老鼠较多，假如电控柜密封不好，会经常出现老鼠钻进电控柜内咬断控制线，甚至将车间内肥皂、水果皮等带到线路板上的现象，这样不仅会造成元器件的损坏，严重的还会使数控系统完全不能工作，这一点在日常生活中会经常碰到，应引起足够重视。

（12）存储器用电池要定期检查和更换。

通常，数控系统中部分 CMOS 存储器中的存储内容在断电时靠电池供电保持，一般采用锂电池或可充电镍镉电池。当电池电压下降到一定值时就会造成参数丢失，因此要定期检查电池，及时更换。更换电池时，一般要在数控系统通电状态下进行，以免造成参数丢失。

（13）注重机床数据的备份和技术资料的收集。

数控机床尤其是较为复杂的加工中心仅机床参数就有几千个，还有 PLC 程序以及宏程序等。而数控机床有时会发生主板或硬盘故障或者由于外界干扰等原因造成数据丢失。假如没有备份数据的话，将是一件非常麻烦的事，有可能造成系统瘫痪。同时，对数控设备相关技术资料的收集显得非常重要，有些机床生产厂家提供的资料不全，给工作带来很多不便。因此在平时的工作中一定要注重相关技术资料的收集。

（14）定期检查机床制冷单元运行情况。

很多机床尤其是加工中心都配有制冷单元，制冷单元运行的好坏，将直接影响机床精度和使用寿命。如瑞士 DIXI 公司生产的五轴联动加工中心使用 GE Fanuc 181 系统，机床 CRT 屏幕上可以随时调出机床要害部位以及空调的温度变化情况。假如制冷单元效果不好，主轴在高速旋转时，温度曲线表中主轴温升就非常快。此时操作人员假如不及时采取措施，轻则影响产品精度，重则损坏主轴。因此要经常清洗制冷单元进出风口的过滤网，注重空调的高低压保护，防止制冷剂泄漏等。

（15）数控设备在长期不用时的维护。

当数控设备长期闲置不用时，也应定期进行保养。首先应经常给系统通电，在机床锁住不动的情况下让其空运行，利用电器元件本身的发热驱走数控柜内的潮气，以保证电子元器件的性能稳定可靠。实践证实，经常闲置不用的机床，尤其是在梅雨季节，开机时往往容易发生各种故障。假如机床闲置时间较长，应将直流电机电刷取出，以免由于化学腐蚀损坏换向器。

三、数控机床日常维护的基本要求

1. 数控设备的使用环境

为提高数控设备的使用寿命，一般要求避免阳光直接照射和其他热辐射，要避免太潮湿、粉尘过多或有腐蚀气体的场所。精密数控设备要远离振动过大的设备，如冲床、锻压设备等。

2. 良好的电源保证

为了避免电源波动幅度大（大于 ±10%）和可能的瞬间干扰信号的影响，数控设备一般采用专线供电（如从低压配电室分一路单独供数控机床使用）或增设稳压装置等，都可减少供电质量的影响和电器干扰。

3. 制定有效操作规程

在数控机床的使用与管理方面，应制定一系列切合实际、行之有效的操作规程。例如，润滑、保养、合理使用及规范的交接班制度等，是数控设备使用及管理的主要内容。制定和遵守操作规程是保证数控机床安全运行的重要措施之一。实践证明，众多故障都可由遵守操作规程而减少。

4. 新购机床的维护

购买数控机床以后要充分利用，尤其是投入使用的第一年，应使其容易出故障的薄弱环节尽早暴露，得以在保修期内排除。加工中，尽量减少数控机床的主轴启闭，以降低对离合器、齿轮等器件的磨损。没有加工任务时，数控机床也要定期通电，最好是每周通电 1~2 次，每次空运行 1 小时左右，以利用机床本身的发热量来降低机内的湿度，使电子元件不致受潮，同时也能及时发现有无电池电量不足报警，以防止系统设定参数的丢失。

5. 严格遵循正确的操作规程

无论是什么寿命类型的数控机床，它们都有一套自己的操作规程，这既是保证操作人员人身安全的重要措施之一，也是保证设备安全、使用产品质量等的重要措施。因此，使用者必须按照操作规程正确操作，如机床在第一次使用或长期没有使用时，应先使其空转几分钟；使用中要特别注意开机、关机的顺序和注意事项。

6. 要冷静对待机床故障，不可盲目处理

机床在使用中会不可避免地出现一些故障，此时操作者要冷静对待，不可盲目处理，以免产生更为严重的后果。要注意保留现场，待维修人员来后，如实说明故障前后的情况，并参与共同分析问题，尽早排除故障。故障若属于操作原因，操作人员要及时吸取教训，避免下次犯同样的错误。

7. 配置适合的自动编程系统

手工编程对于外形不太复杂或编程量不大的零件程序，简单易行。当工件比较复杂时（如凸轮或多维空间曲面等），手工编程周期长（数天或数周）、精度差、易出错。因此，快速、准确地编制程序就成为提高数控机床使用率的重要环节。为此，有条件的企业最好配置必要的自动编程系统，提高编程效率。

8. 配置必要的附件和刀具

为了充分发挥数控机床的加工能力，必须配备必要的附件和刀具。切忌花几十万买来一台数控机床，因缺少一个几十元或几百元的附件或刀具而影响整机的正常运行。由于单独签订合同购买附件的单价远远高于随同主机一起供货的附件单价，因此，有条件的企业应尽量在购买主机时一并购置易损部件及其他附件。

9. 加工前的准备

加工前要审查工件的数控加工工艺，应重视生产技术预备工作（包括工件数控加工工艺分析、加工程序编制、工装与刀具配置、原材料预备及试切加工等），以缩短生产预备时间，充分提高数控机床的使用效率。合理安排适合在数控机床加工的各种工件，安排好数控机床加工运转所需的节拍。

10. 数控系统的维护

（1）制定日常维护规章制度。

制定数控系统日常维护规章制度，严格遵守操作规程和日常维护制度。

（2）尽量少开数控柜和强电柜门。

在机加工车间的空气中一般会有油雾、灰尘甚至金属粉末，一旦它们落在数控系统内的电路板或者电子器件上，容易引起元器件间绝缘电阻下降，甚至导致元器件及电路板损坏。有的用户在夏天为了使数控系统能超负荷长期工作，会采取打开数控柜门的方式来散热，这是 种极不可取的方法，最终会导致数控系统的加速损坏。

（3）清扫数控柜的散热通风系统。

应该检查数控柜上的各个冷却风扇工作是否正常。每半年或每季度检查一次风道过滤器是否有堵塞现象，若过滤网上灰尘积聚过多，不及时清理，会引起数控柜内温度过高。

（4）长监视数控系统用的电网电压。

各公司生产的数控系统，通常允许电网电压在额定值的85%~110%内波动。如果超出此范围，就会造成系统不能正常工作，甚至会引起数控系统内部电子部件的损坏。

（5）定期更换存储用电池。

在一般情况下，即使电池尚未失效，也应每年更换一次，以确保系统能正常工作。另外，一定要注意，电池的更换应在数控系统供电状态下进行。

（6）数控系统长期不使用时的维护。

为提高数控系统的利用率和减少数控系统的故障，数控机床应满负荷使用，而不要长期闲置不用。由于某种原因造成数控系统长期闲置不用时，为了避免数控系统损坏，需注意以下两点：

①要经常给数控系统通电，特别是在环境湿度较大的梅雨季节更应如此，在机床锁住不动的情况下（即伺服电动机不转时），让数控系统空运行。利用电器元件本身的发热来驱散数控系统内的潮气，保证电子器件性能稳定、可靠。实践证明，在空气湿度较大的地区，经常通电是降低故障率的一个有效措施。

②数控机床采用直流进给伺服驱动和直流主轴伺服驱动方式的，应将电刷从直流电动机中取出，以免由于化学腐蚀，使换向器表面被腐蚀，造成换向性能损坏，甚至造成整台电动机损坏。

（7）备用印刷线路板的维护。

对于已购置的备用印刷线路板，应定期装到数控系统上通电运行一段时间，以防损坏。

（8）做好维修前期的准备工作。

11. 机械部件的维护

（1）传动链的维护。

定期调整主轴驱动带的松紧程度，防止因驱动带打滑造成丢转现象；检查主轴润滑的恒温油箱、调节温度范围，及时补充油量，检查过滤；主轴中刀具夹紧装置长时间使用后，会产生间隙，影响刀具的夹紧、清洗，需及时调整液压缸活塞的位移量。

（2）滚珠丝杠螺纹副的维修。

定期检查、调整丝杠螺纹副的轴向间隙，保证反向传动精度和轴向刚度；定期检查丝杠与床身的连接是否有松动；丝杠防护装置有损坏要及时更换，以防灰尘或切屑进入。

（3）刀库及换刀机械手的维护。

严禁把超重、超长的刀具装入刀库，以避免机械手换刀时掉刀或刀具与工件、夹具发生碰撞；经常检查刀库的回零位置是否正确，检查机床主轴回换刀点位置是否到位，并及时调整；开机时，应使刀库和机械手空运行，检查各部分工作是否正常，特别是各行程开关和电磁阀能否正常工作；检查刀具在机械手上紧缩是否可靠，发现不正常应及时处理。

12. 液压、气压系统的维护

定期对润滑、液压、气压系统的过滤器或分滤网进行清洗或更换；定期对液压系统进行油质化验、检查和更换液压轴；定期对气压系统分水滤气器放水。

13. 机床精度的维护

定期进行机床水平和机械精度的检查并校正。机械精度的校正方法有软硬两种。软方法主要是通过系统参数补偿，如丝杠反向间隙补偿、各坐标定位精度定点补偿、机床回参考点位置校正等；硬方法一般要在机床大修时进行，如进行导轨修刮、滚珠丝杠螺母副预紧调整反向间隙等。

14. 为维修保养做好准备

为维修保养做好准备，建立一支高水平的维修队伍，保存好设备的完整，应做好以下工作：

（1）技术准备：维修人员应在平时充分了解系统的性能。

（2）工具准备：作为最终用户，维修工具只需准备一些常规的仪器设备，如交流电压表，直流电压表，可以用指针式的也可以用数字式的，测量误差在 ±2% 范围内即可。万用表也是一种常用的仪表。

（3）备件准备：一旦由于数控系统的部件或元器件损坏，使系统发生故障时，为能及时排除故障，用户应准备一些常用的备件。

模块二 数控机床系统连接与参数设置

任务1 数控系统的硬件连接

◇任务简介◇

本任务主要对数控系统工作原理进行分析，结合现有数控系统对系统硬件连接进行实训。学生在实训过程中，掌握各部件的型号、端口定义和工作原理。

◇学习目标◇

1. 了解 FANUC 系统的硬件连接结构。
2. 可以画出 FANUC 车床系统的连接框图。
3. 了解各接口的定义。
4. 完成 FANUC 数控系统 FSSB 总线的硬件连接。
5. 完成 FANUC 数控系统 I/O Link 的硬件连接。
6. 完成 FANUC 车床的电气连接。

◇知识要点◇

一、数控车床的电气控制要求

1. 控制轴（坐标）运动功能

数控车床一般设有两个坐标轴（*X*、*Z* 轴），其数控系统具备控制两轴运动的功能。

2. 刀具位置补偿

数控车床的位置补偿功能，可以完成刀具磨损和刀尖圆弧半径补偿以及安装刀具时产生的误差的补偿。

3. 车削固定循环功能

数控车床具有各种不同形式固定切削循环的功能，如内外圆柱面固定循环、内外圆锥面固定循环、端面固定循环等。利用这些固定循环指令可以简化编程，提高加工效率。

4. 准备功能

准备功能也称为 G 功能，用来指定数控车床的动作方式。G 代码指令由 G 代码和它后面的两位数字组成。

5. 辅助功能

辅助功能也称为 M 功能，用来指定数控车床的辅助动作及状态，M 代码指令由 M 代码和它后面的两位数字组成。

6. 主轴功能

数控车床主轴功能主要表示主轴转速或线速度。主轴功能由字母 S 及其后面的数字表示。

7. 进给功能

数控车床的进给功能主要是指加工过程中各轴的进给速度，进给功能指令由 F 代码及其后面的数字组成。

8. 刀具功能

刀具功能又称 T 功能。根据加工需要，在某些程序段指令进行选刀和换刀。刀具功能指令用字母 T 及其后面的四位数表示。

二、数控车床电气控制要求的实现（表 2–1–1）

表 2–1–1

序号	要求	实现方案	实现元件
1	控制轴（坐标）运动功能	采用伺服电机进行驱动	FANUC 伺服放大器与伺服电机
2	刀具位置补偿	CNC 软件实现	CNC 系统
3	车削固定循环功能	CNC 软件实现	CNC 系统
4	准备功能	CNC 软件实现	CNC 系统
5	辅助功能	CNC 软件与 PMC 单元	CNC 系统与 PMC 单元
6	主轴功能	采用变频器进行无级调速、配置编码器反馈	变频器、CNC、主轴编码器
7	进给功能	CNC 软件实现	CNC 系统
8	刀具功能	采用电动刀架配合 PMC 程序实现	电动刀架

任务实施

（1）在实训设备上寻找相关元件（见图 2–1–1）.

图 2–1–1

（2）根据上面介绍的，连接控制框图（见图 2–1–2）。

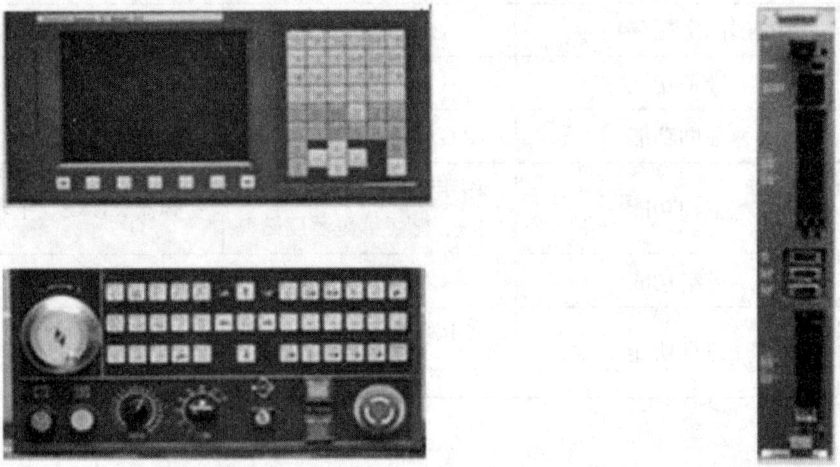

图 2–1–2（a）

图 2-1-2（b）

任务拓展

查阅资料，根据要求，写出表 2-1-2 相关的实现方式。

表 2-1-2

机床类型	控制要求	控制方式实现
数控机床	主轴可以实现无级调速	例答：可以使用变频电机与伺服电机
	主轴可以实现低转速与大扭矩加工	例答：采用机械换挡与伺服主轴
	主轴可以进行速度反馈与车削螺纹	
	进给轴实现开环控制	
	进给轴实现半闭环控制	
	进给轴实现闭环控制	
	进给轴可以实现无挡块回零	
	可以实现自动换刀	

三、系统的连接框图

系统的连接框图如图 2-1-3 所示。

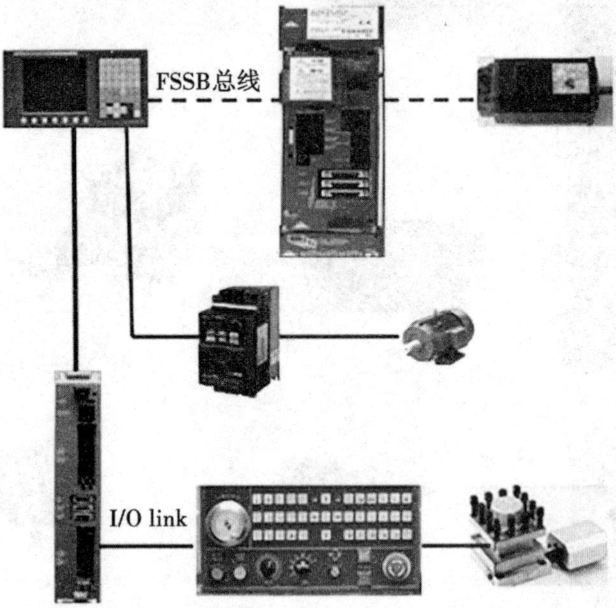

图 2-1-3

四、数控系统的接口定义

FANUC Serios oi-MODEL D 系统在硬件上做了很多增加，如标配以太网口（Mate D 型系统不含）、系统状态显示数码管等。图 2-1-4 为 FANUC Serios oi D/oi Mate D 系统接口图。

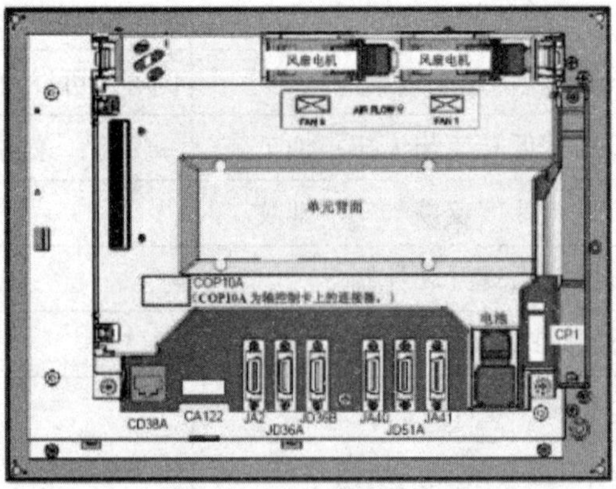

图 2-1-4

系统各端子的功能如表 2–1–3 所示。

表 2–1–3

端口号	用途
COP10A	伺服 FSSB 总线接口，此接口为光缆口
CD38A	以太网接口（oi Mate TD）
CA112	系统软键信号接口
JA2	系统 MDI 键盘接口
JD36A/JD36B	RS–232–C 串行接口 1/2
JA40	模拟主轴信号接口 / 高速跳转信号
JD51A	I/O Link 总线接口
JA41	串行主轴接口 / 主轴独立编码器接口
CP1	系统电源输入（DC 24 V）

五、FANUC 数控系统 FSSB 总线的构成与连接方法

FANUC 伺服控制系统的连接，无论是 Ai 或 Bi 伺服，在外围连接电路具有很多类似的地方，大致分为光缆连接、控制电源连接、主电源连接、急停信号连接、MCC 连接、主轴指令连接（指串行主轴，模拟主轴接在变频器中）、伺服电机主电源连接及伺服电机编码器连接。本书以 Bi 多轴驱动器为例来说明，如图 2–1–5 所示。

序号	型号	说明
1	CX5X	电池接口
2	CXA19B	24 V 直流电源接口（注意电源正负极）
3	CB10B	FSSB：伺服光缆接口
4	CX29	MCC：当放大器准备就绪后，内部继电器就会自动吸合
5	CX30	ESP：一般用于串接在伺服主电源接触器的线圈，且交流接触器线圈电压不超过 AC250V，常规采用 110 V
6	CXA20	放电电阻
7	JF1	X：伺服电机轴编码器
8	JF2	Z：伺服电机轴码器
9	CZ4	伺服三相 220 V 电源接口
10	CZ5L	X：伺服电机电源
11	CZ5M	Z：伺服电机电源（Z27）制动器控制（Z 轴有抱闸的情况下需连接）

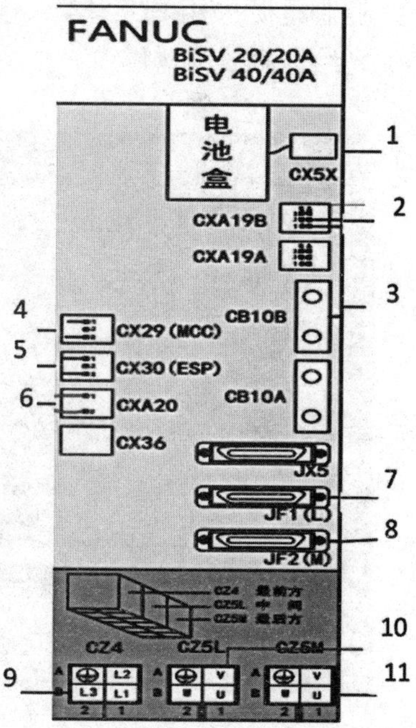

图 2–1–5

1. 光缆连接（FSSB 总线）

FANUC 的 FSSB 总线采用光缆通信，在硬件连接方面，遵循从 A 到 B 的规律，即 COP10A 为总线输出，COP10B 为总线输入。需要注意的是，光缆在任何情况下不能硬折，以免损坏。如图 2-1-6 所示。

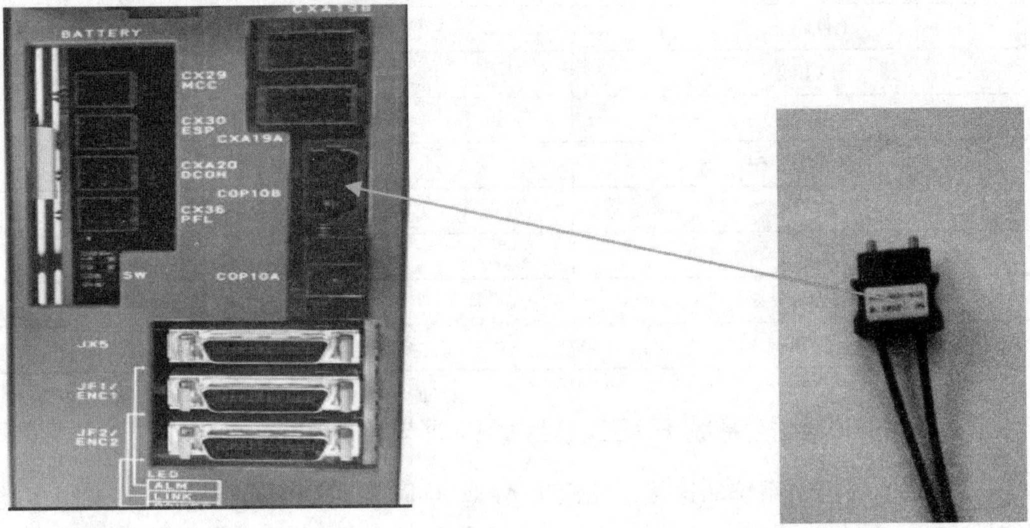

图 2-1-6

2. 控制电源连接

控制电源采用 DC 24 V，主要用于伺服控制电路的电源供电。在上电顺序中，推荐优先给伺服放大器供电，如图 2-1-7 所示。

图 2-1-7

3. 主电源连接

主电源用于伺服电机动力电源的变换，如图 2–1–8 所示。

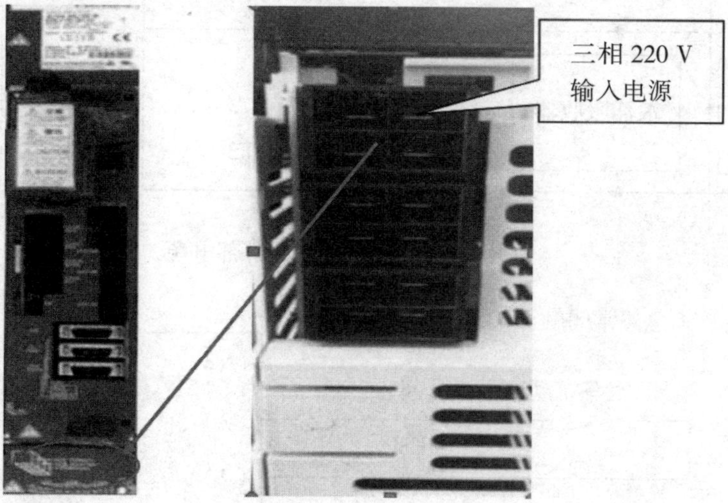

图 2–1–8

4. 急停与 MCC 连接

该部分主要用于对伺服主电源的控制与伺服放大器的保护，如发生报警、急停等情况下，能够切断伺服放大器主电源。如图 2–1–9，图 2–1–10 所示。

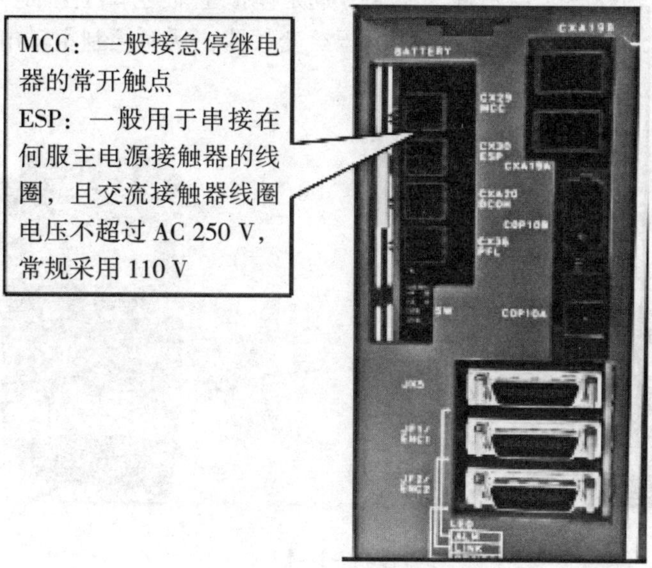

图 2–1–9

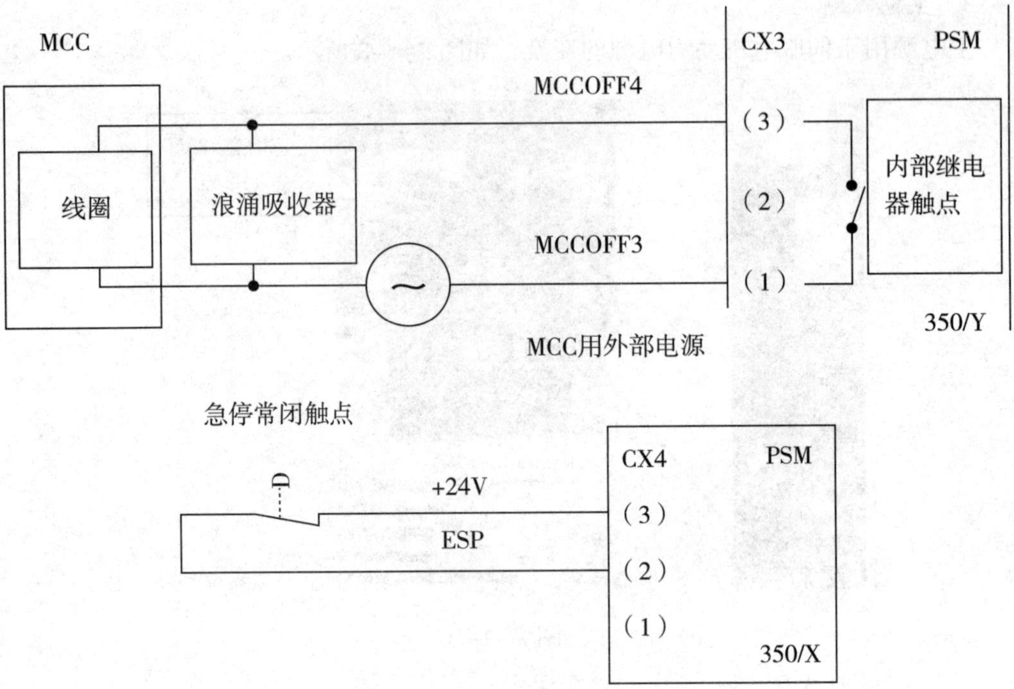

图 2–1–10

5. 主轴指令信号连接

FANUC 的主轴控制采用两种类型，分别是模拟主轴与串行主轴。模拟主轴的控制对象是系统 JA40 口输出 10 V~10 V 的电压给变频器，从而控制主轴电机的转速。如图 2–1–11 所示。

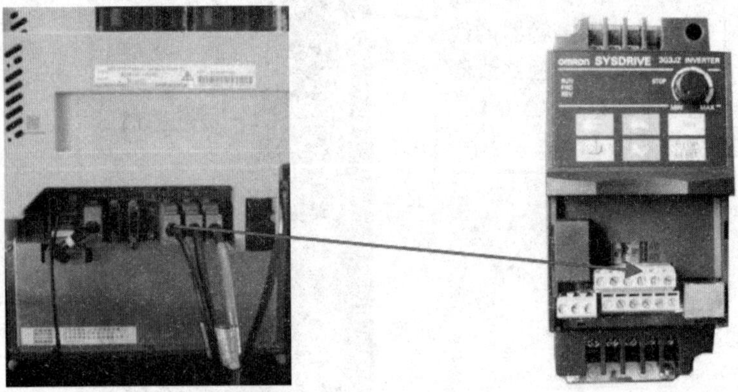

图 2–1–11

6. 伺服电机动力电源连接

伺服电机动力电源连接主要包含伺服主轴电机与伺服进给电机的动力电源连接。伺服主轴电机的动力电源采用接线端子的方式连接，伺服进给电机的动力电源采用接插件连接。在连接过程中，一定要保证相序的正确。如图 2–1–12 所示。

图 2–1–12

7. 伺服电机反馈的连接

伺服电机反馈的连接主要包含伺服进给电机的反馈连接以及伺服进给电机的反馈接口接 JF1 等接口，如图 2–1–13 所示。

注意：伺服电机在连接的过程中，禁止进行轴向敲击。

图 2–1–13

六、FANUC 数控系统的 I/O Link 连接

FANUC 系统的 PMC 是通过专用的 I/O Link 与系统进行通信的。PMC 在进行 I/O 信号控制的同时，还可以实现手轮与 I/O Link 轴的控制。外围的连接很简单，且很有规律，同样是从 A 到 B，系统侧的 JD51A（oi C 系统为 JDIA）接到 I/O 模块的 JDIB，JA3 或者 JA58 可以连接手轮。如图 2–1–14。

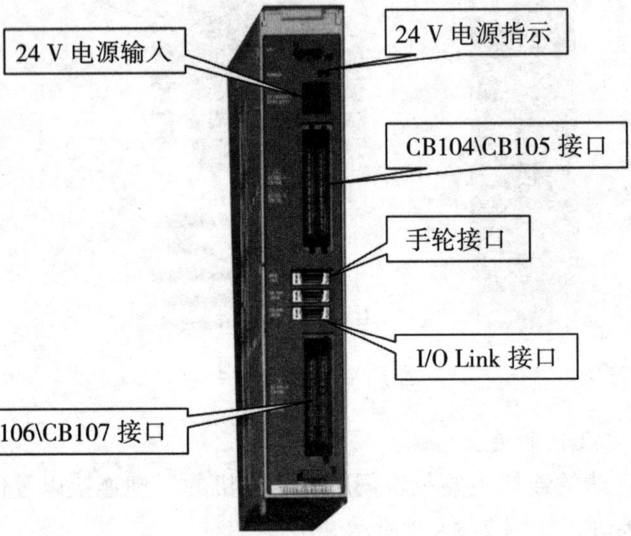

图 2–1–14

FANUC 的 PMC 地址分配大致如下：

X——MT 输入到 PMC 的信号，如接近开关、急停信号等。

Y——PMC 输出到 MT 的信号。

F——CNC 输入到 PMC 的信号，是固定的地址。

G——PMC 输出到 CNC 的信号，也是固定的地址。

R、T、C、K、D、A 为 PMC 程序使用的内部地址。

oi C 系统中用 I/O 模块是配置 FANUC 系统的数控机床使用最为广泛的 I/O 模块，如图 2–1–15 所示，采用 4 个 50 芯插座连接的方式，分别为 CB104、CB105、CB106 及 CB107。输入点有 96 位，每个 50 芯插座中包含 24 位的输入点，这些输入点被分为 3 个字节。输出点有 64 位，每个 50 芯插座中包含 16 位的输出点，这些输出点被分为 2 个字节。

注意：

（1）连接器（CB104、CB105、CB106、CB107）的引脚 B01（+24 V）用于 DI 输入信号，它输出 DC 24 V，不要将外部 24 V 电源连接到这些引脚上。

（2）每一个 DOCOM 都连接在印刷板上，如果使用连接器的 DO 信号（Y），请确定输入 DC 24 V 到每个连接器的 DOCOM 上。

七、急停与伺服上电控制回路的连接

当 FSSB 总线与 I/O Link 的连接完成后，还需要对急停回路与伺服上电回路进行连接，才能构成一个简单的数控机床控制回路。下面将分别对这两个部分进行介绍。如图 2–1–15 所示。

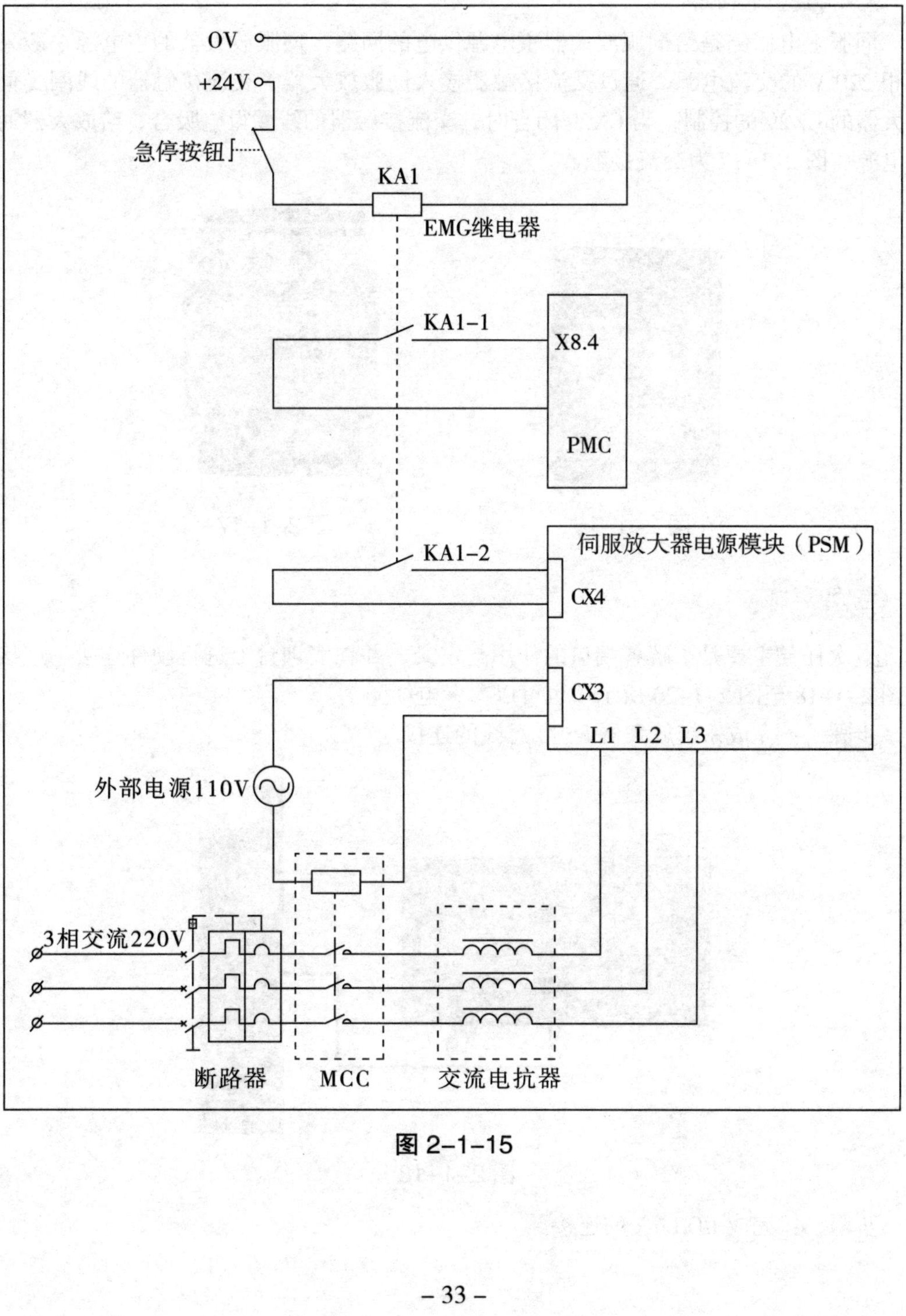

图 2–1–15

1. 急停控制回路

急停控制回路一般由两部分构成，一部分是 PMC 急停控制信号 X8.4；另外一部分是伺服放大器的 ESP 端子。这两个部分中任意一个断开就会出现报警，ESP 断开出现 SV401 报警，X8.4 断开出现 ESP 报警。但这两个部分全部是通过一个元件来处理的，这就是急停继电器。如图 2–1–16 所示。

2. 伺服上电回路

伺服上电回路是给伺服放大器主电源供电的回路。伺服放大器的主电源一般采用三相 220 V 的交流电源，通过交流接触器接入伺服放大器。交流接触器的线圈受伺服放大器的 CX29 的控制，当 CX29 闭合时，交流接触器的线圈得电吸合，给放大器通入主电源。图 2–1–17 为交流接触器。

图 2–1–16

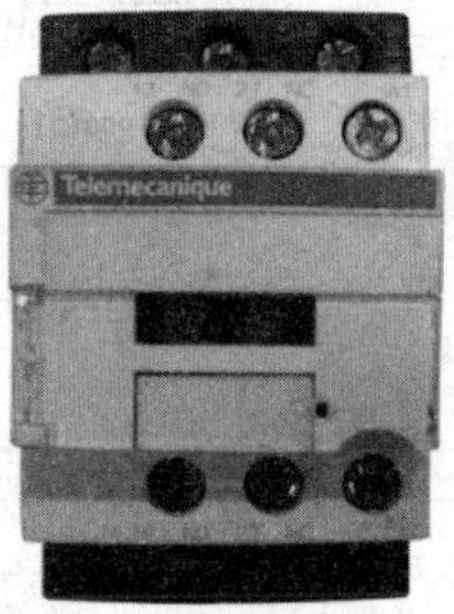

图 2–1–17

任务实施

本次任务主要是了解各端口的作用与定义，并在实训台上进行硬件连接。连接图如图 2–1–18 至图 2–1–20 所示（也可以参考电缆图）。

步骤一：完成系统放大器 FSSB 总线的连接。

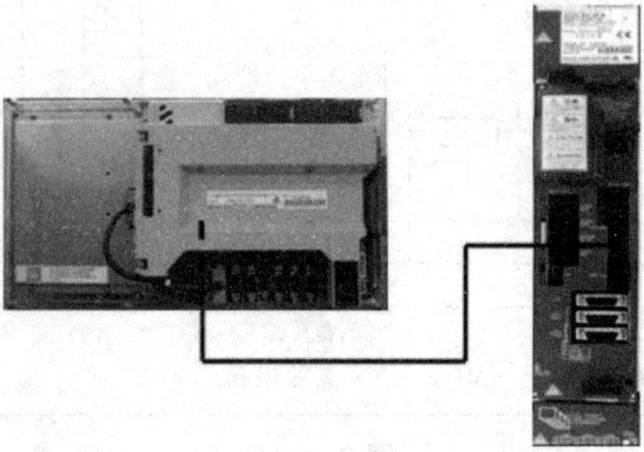

图 2–1–18

步骤二：完成 I/O Link 的连接。

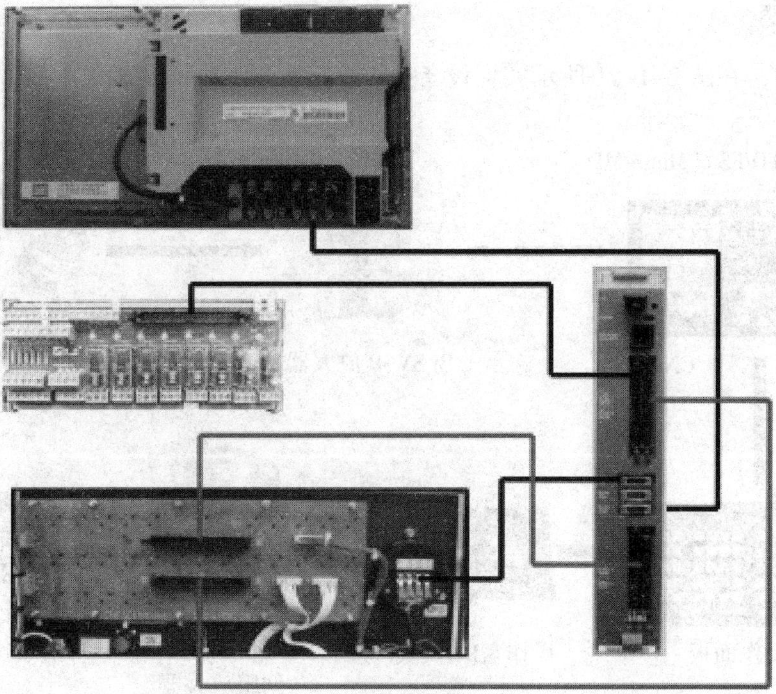

图 2-1-19

步骤三：完成伺服电机、伺服放大器的连接。

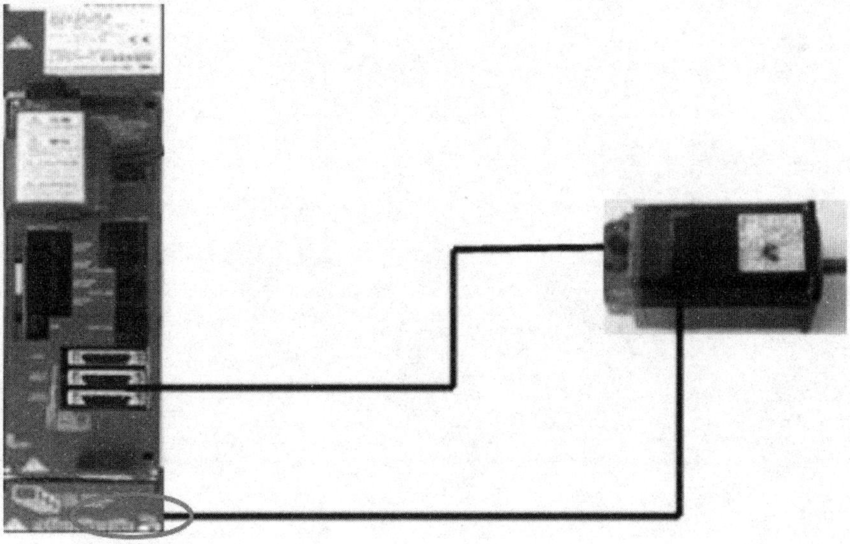

图 2-1-20

任务拓展

查阅资料，在图 2-1-21 所示实训设备上，连接配置有伺服主轴的 FANUC 系统。

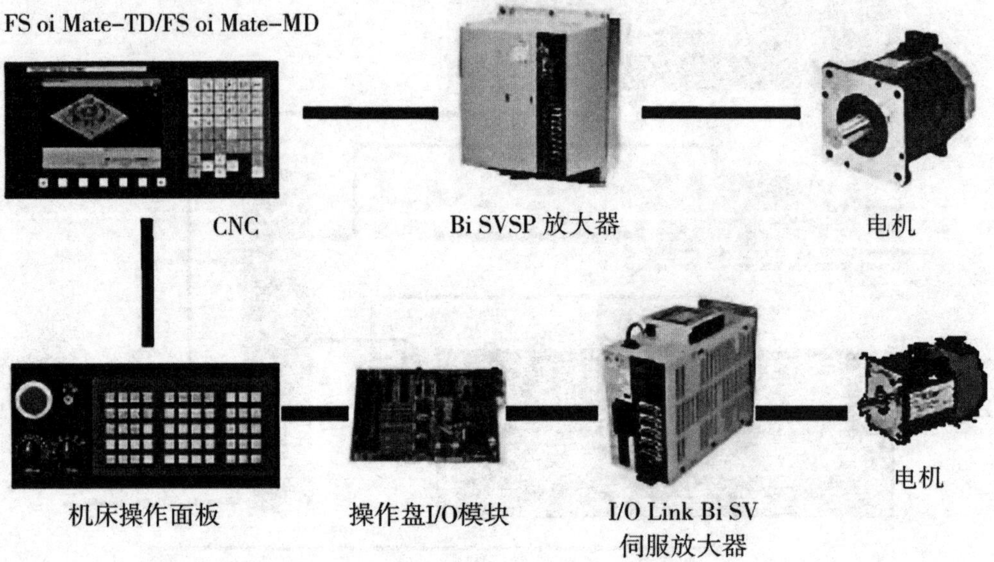

图 2-1-21

任务 2 数控系统的数据备份

◇任务简介◇

在机床所有参数调整完成后，需要对出厂参数进行备份并存档。学生在实训过程中对机床参数进行修改，可能会出现参数设置不当，导致设备无法正常使用的情形。为防止出现此类状况，在机床数据修改之前应先进行数据备份。

◇学习目标◇

1. 了解 FANUC 系统的数据备份操作。
2. 可以对数据进行分别备份。

◇知识要点◇

一、CNC 数据类型

数据类型	保存位置	来源	备注
CNC 参数	SRAM	机床厂家提供	必须保存
PMC 参数	SRAM	机床厂家提供	必须保存
梯形图程序	FROM	机床厂家提供	必须保存
螺距误差补偿	SRAM	机床厂家提供	必须保存
加工程序	SRAM	最终用户提供	根据需要保存
宏程序	SRAM	机床厂家提供	必须保存
宏编译程序	FROM	机床厂家提供	如果有须保存
C 执行程序	FROM	机床厂家提供	如果有须保存
系统文件	FROM	FANUC 提供	不需要保存

注：FANUC 系统文件不需要备份，但也不能轻易删除，因为有些系统文件一旦删除了，即使原样恢复也会因系统报警而导致系统停机而不能使用。请一定小心，不要轻易删除系统文件。

建议使用存储卡进行数据备份，存储卡可以在市面上购买，一般使用 CF 卡+PCMCIA 适配器。如果在市面上（电脑市场）购买，需要挑选质量好的卡和适配器，因为市面上很多卡在系统上不能正常使用。

二、参数设定

参数号	设定值	说明
20	4	使用存储卡作为输入 / 输出设备
FROM	机床厂家提供	必须保存

三、备份操作

开机前，按住显示器下面右边两个键（或者 MDI 的数字键 6 和 7），如图 2-2-1 所示。

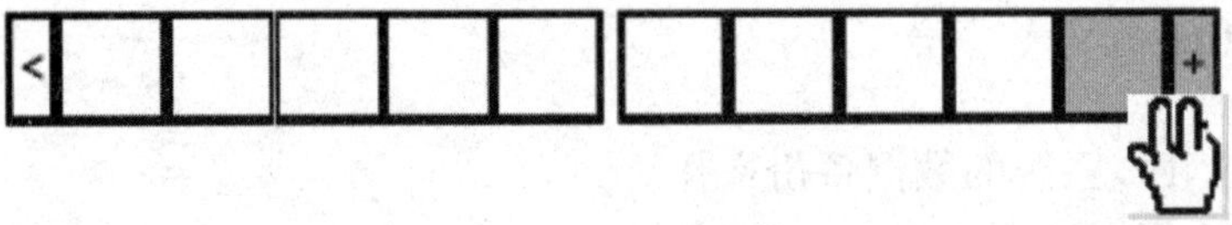

图 2-1-1

（1）按下软键“UP”或“DOWN”，把光标移动到“7. SRAM DATA UNILITY”，如图 2-2-2 所示。

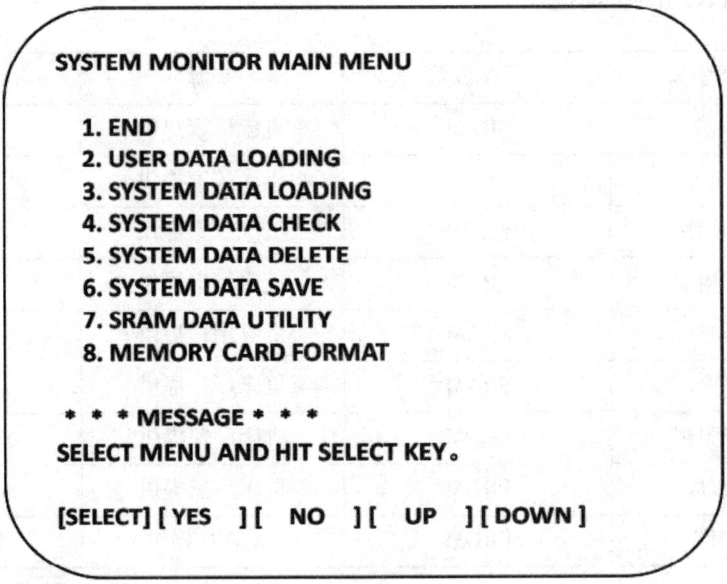

图 2-1-2

（2）按下“SELECT”键。显示 SRAM DATA UTILITY 回向。

（3）按下软键“UP”或“DOWN”，进行功能的选择：

① 使用存储卡备份数据：SRAM BACKUP；

② 向 SRAM 恢复数据 ：RESTORE SRAM；

③ 自动备份数据的恢复 ：AUTO BKUP RESTORE。

（4）按下软键“SELECT”。

（5）按下软键“YES”，执行数据的备份和恢复。

固执行“SRAM BUCKUP”时，如果在存储卡上已经有了同名的文件，会询问“OVER WRITE OK?”，可以覆盖时，按下“YES”键继续操作。

（6）执行结束后，显示“…COMPLETE.HIT SELECT KEY”信息。按下软键“SELECT”，返回主菜单。

四、系统数据的分别备份

上述 SRAM 数据备份后，还需要进入系统后分别备份系统数据，如参数等。

1. 系统参数

（1）解除急停。

（2）在机床操作面板上选择方式为 EDIT（编辑）。

（3）依次按下功能键  与软键 ，出现参数画面，如图 2-2-3 所示。

（4）依次按下软键“操作”“文件输出”“全部”“执行”，CNC 参数被输出。输出文件名为“CNC-PARA.TXT”。

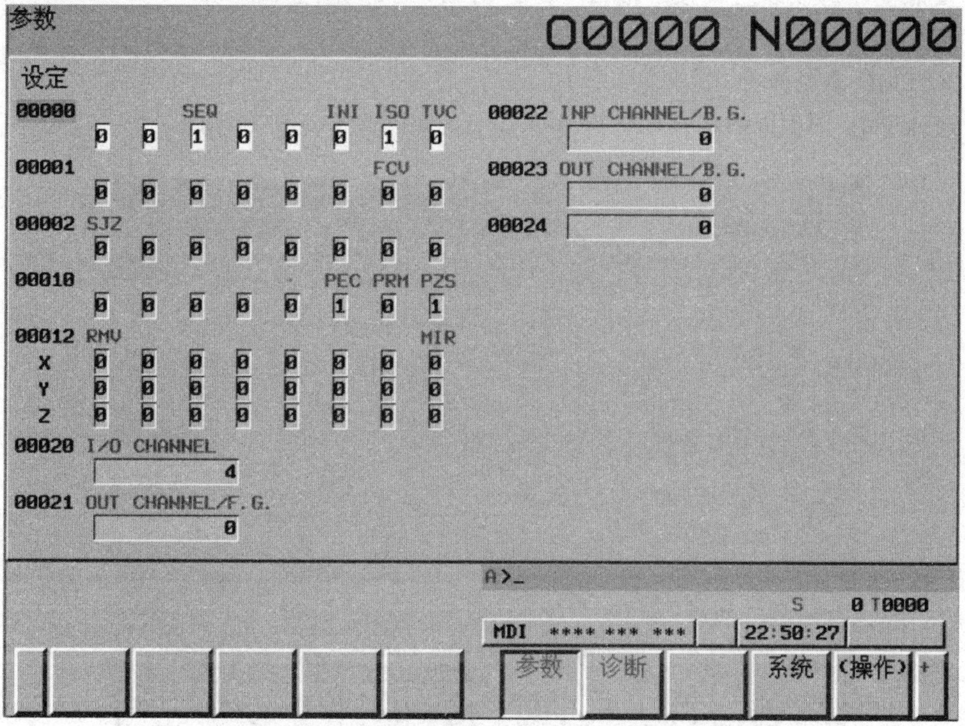

图 2-1-3

2. PMC 程序（梯形图）的保存

进入 PMC 回面以后，按软件键 [I/O]，出现如图 2-2-4 所示画面。

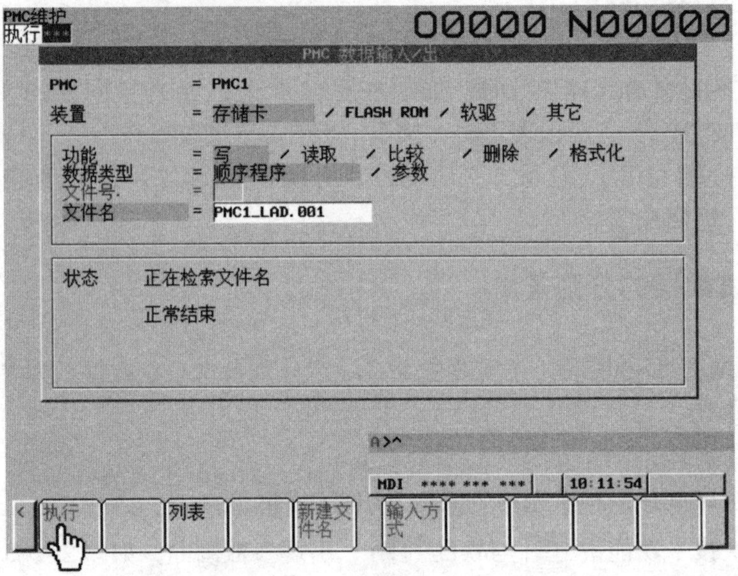

图 2-1-4

按照上述每项设定，按“执行”键，则 PMC 梯形图会将“PMC1 LAD.O01”名称保存到存储卡上。

3. PMC 参数保存

进入 PMC 回面以后，按软件键 [I/O]，出现如图 2-2-5 所示画面。

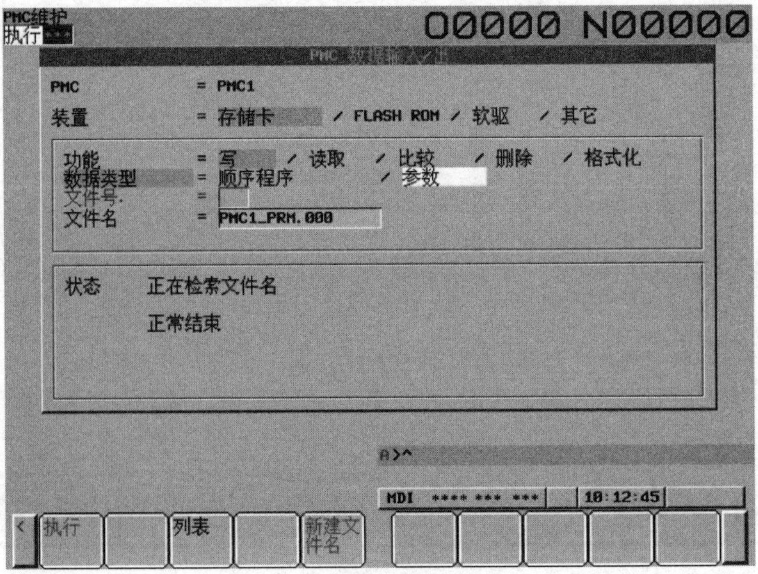

图 2-1-5

按照上述每项设定，按“EXEC”键，则 PMC 参数会将“PMCl PRM.OOO”名称保存到存储卡上。

4. 螺距误差补偿量的保存

（1）依次按下功能键 

和软键 

，显示螺距误差补偿画面，如图 2-2-6 所示。

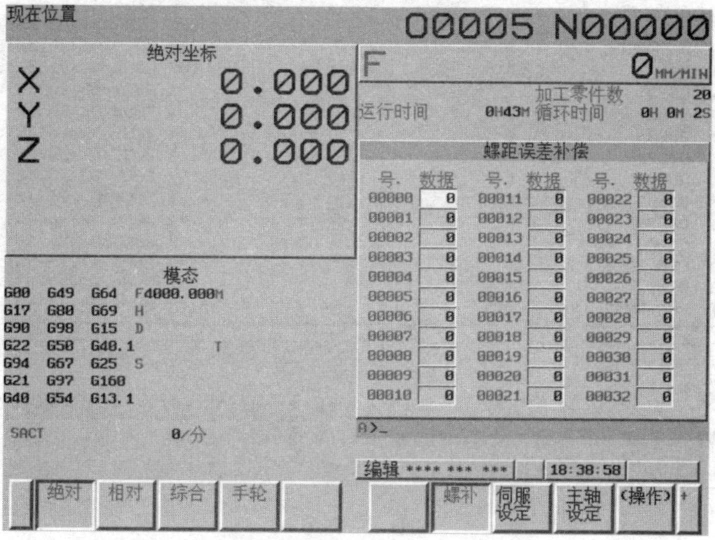

图 2-1-6

（2）依次按下 

，输出螺距误差补偿量。输出文件名为“PITCH.TXT”。

5. 其他

其他如刀具补偿、用户宏程序（换刀用等），宏变量等也需要保存。操作步骤基本和上述相同，都是在编辑方式下、相应的画面下，按“操作”“输出”“执行”键即可。

五、用存储卡进行 DNC 加工

（1）首先将 I/O CHANNEL 设为 4，参数 138#7 设为 1（存储卡 DNC 加工有效）。

（2）将加工程序拷贝到存储卡中（可以一次拷贝多个程序）。

（3）选择“RMT”方式，程序画面，按右键扩展，找到“列表”，再按“操作”键，进入菜单界面，如图 2-1-7 所示。

图 2-1-7

按“设备选择”键，选择“存储卡”，出现图 2–2–8 所示的操作画面。

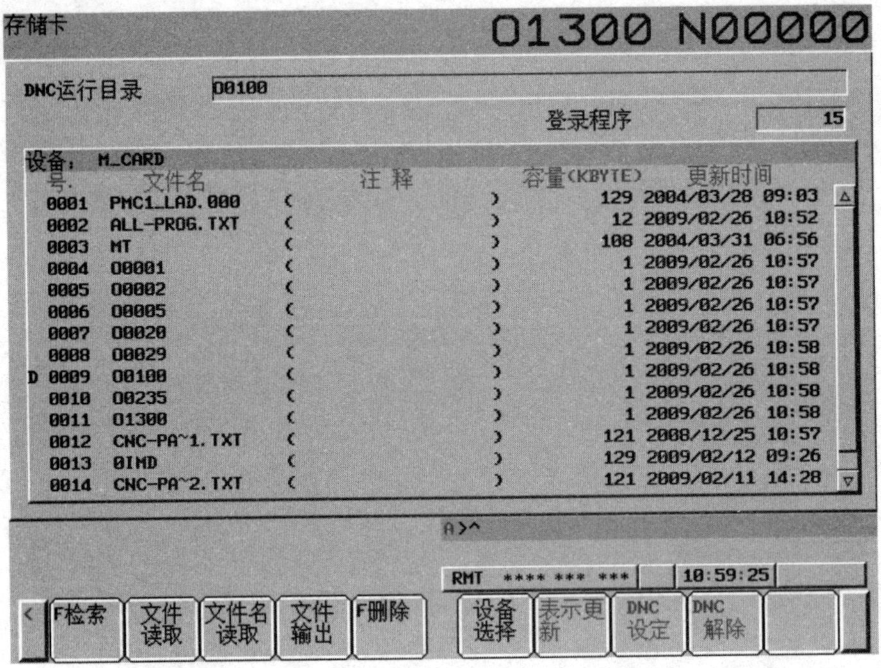

图 2–1–8

选择需要加工的程序号，按“DNC 设定”键。

（4）按机床操作面板上的循环启动按钮，就可以执行 DNC 加工了。

任务 3　数控系统参数的设定

◇任务简介◇

本任务主要对数控机床的基本参数和进给参数进行设定，其中基本参数设定包括机床加工操作有关的画面操作、与机床维护操作有关的画面操作、数控系统基本参数的含义；数控系统进给参数设定包括新系统开机后出现的报警画面、修改语言的操作、伺服参数的设置、参数一键设定功能、标准值设定操作步骤、没有标准值的参数设定、与轴设定相关的 NC 参数初始设定。

◇学习目标◇

1. 了解数控系统参数设定画面。
2. 掌握基本参数的含义。
3. 了解基本参数的设定。
4. 掌握进给参数的设置。
5. 掌握伺服初始化参数的设置方法。

◇知识要点◇

一、和机床加工操作有关的画面操作

1. 回零点方式

回零方式主要是进行机床机械坐标系的设定。选择回零方式，用机床操作面板上各轴返回参考点用的开关使刀具沿参数（1006#5）指定的方向移动。首先刀具以快速移动速度移动到减速点上，然后按 FL 速度移动到参考点。快速移动速度和 FL 速度由参数（1420、1421、1425）设定。如图 2-3-1 所示。

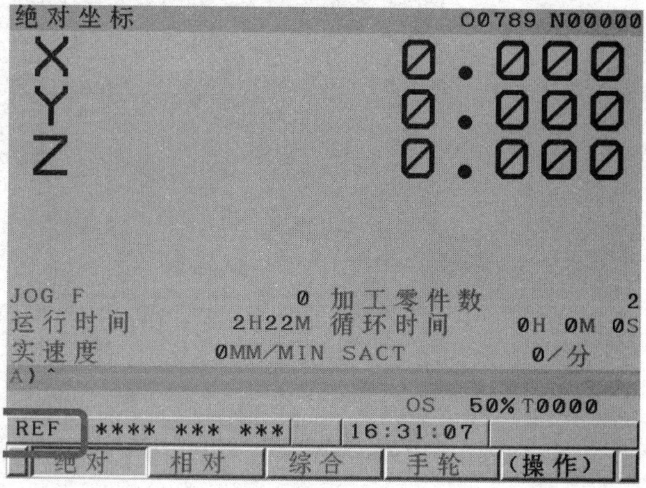

图 2-3-1

2. 手动（JOG）方式

在 JOG 方式下，按机床操作面板上的进给轴和方向选择开关（一般为同一个键），机床沿选定轴的选定方向移动。手动连续进给速度由参数 1423 设定。按快速移动开关，以 1424 设定的速度移动机床。手动操作通常一次移动一个轴，但也可以用参数 1002#0 选择同时两轴运动。如图 2–3–2 所示。

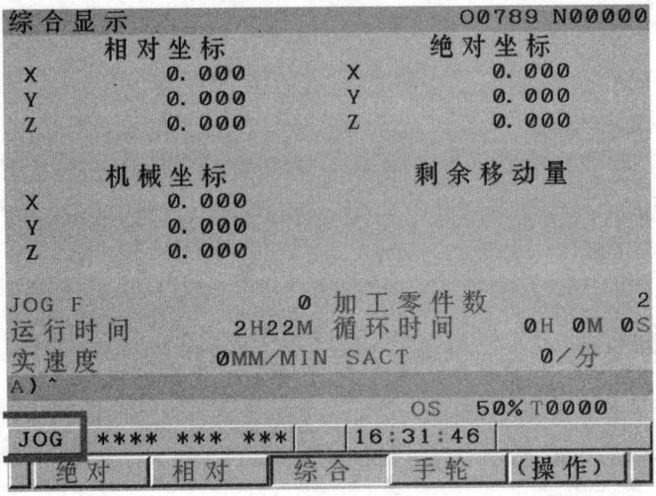

图 2–3–2

3. 增量进给（INC）方式

在增量进给方式下，按机床操作面板上的进给轴和方向选择开关，机床在选择的轴选方向上移动一步。机床移动的最小距离是最小增量单位。每一步可以是最小输入增量单位的 1 倍、10 倍、100 倍或 1000 倍。当没有手摇时，此方式有效。如图 2–3–3 所示。

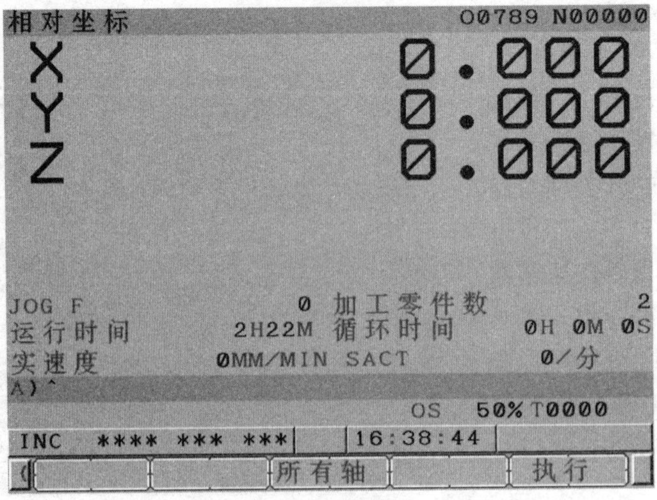

图 2–3–3

4. 手轮进给方式

在手轮方式下，机床可用旋转机床操作面板上升手摇脉冲发生器而连续不断地移动。用开关选择移动轴和倍率。如图 2–3–4 所示。

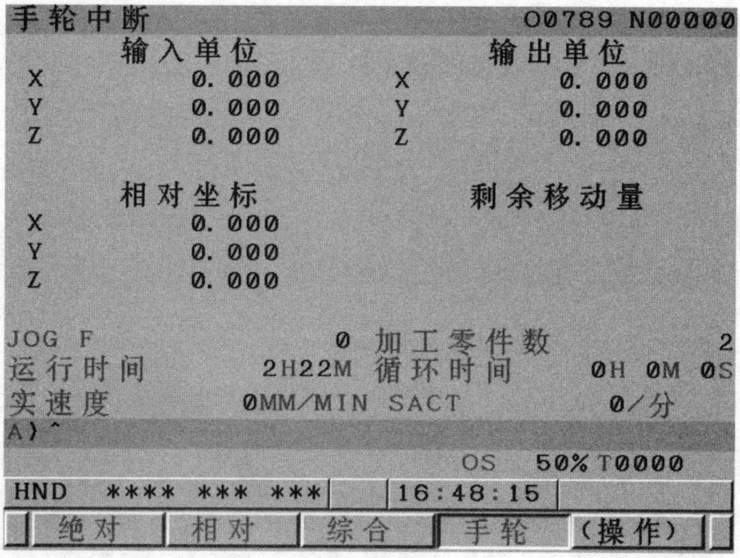

图 2–3–4

5. 存储器运行方式

在自动运行期间，程序预先存在存储器中，当选定一个程序并按下机床操作面板上的循环启动按钮时，开始自动运行。如图 2–3–5 所示。

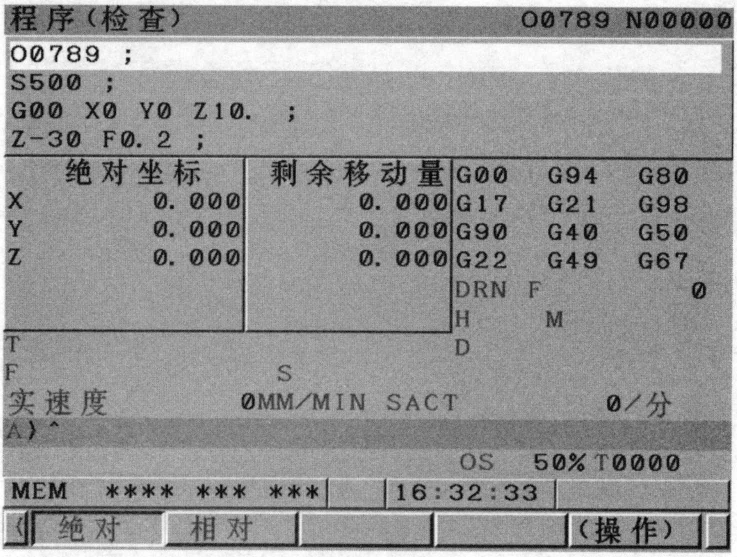

图 2–3–5

6. MDI 运行方式

在 MDI 方式下，在 MDI 面板上输入 10 行程序段，可以自动执行。MDI 运行一般用于简单的测试操作。如图 2–3–6 所示。

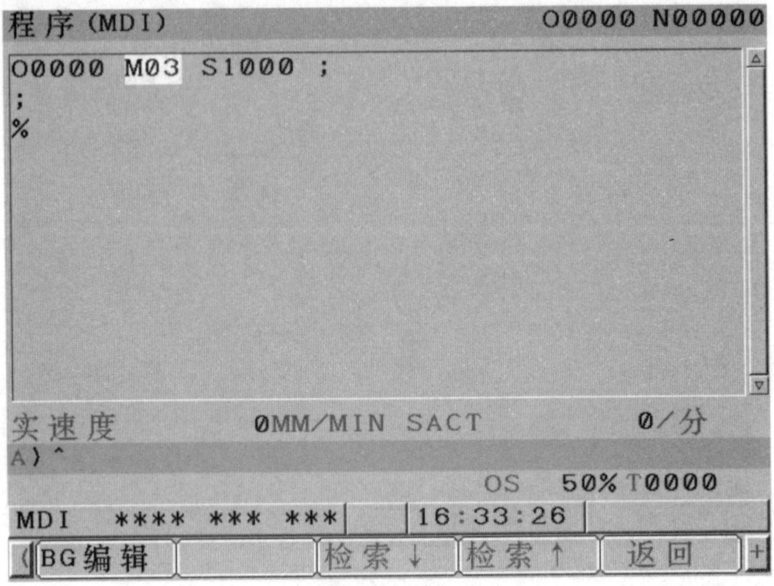

图 2–3–6

7. 程序编辑（EDIT）方式

在程序编辑方式下，可以进行程序的编辑、修改、查找等功能。如图 2–3–7 所示。

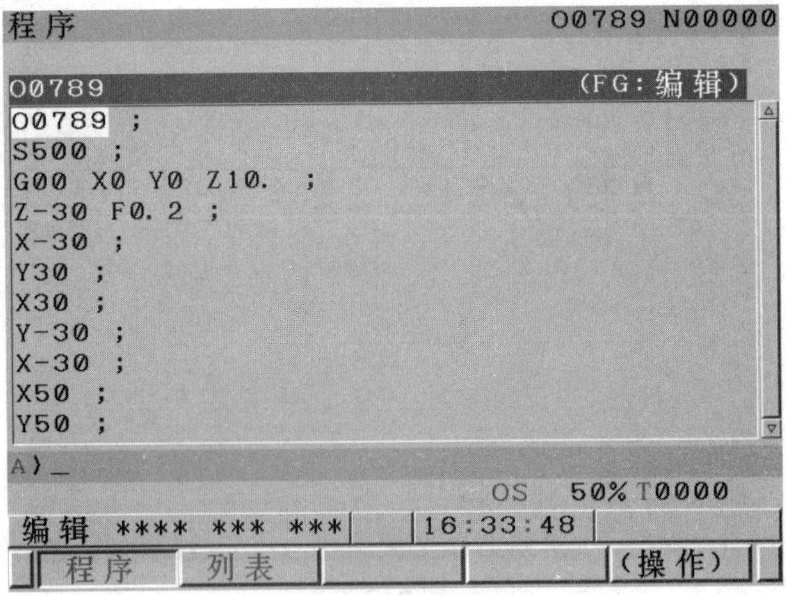

图 2–3–7

二、和机床维护操作有关的画面操作

1. *参数设定画面*

多数设定画面用于参数的设置、修改等操作，在操作时需要打开参数开关，按下“OFSSET”键，如果显示图 2-3-8 所示画面就可以进行修改参数开关，参数开关为 1 时，可以进入进行参数修改。如图 2-3-9 所示。

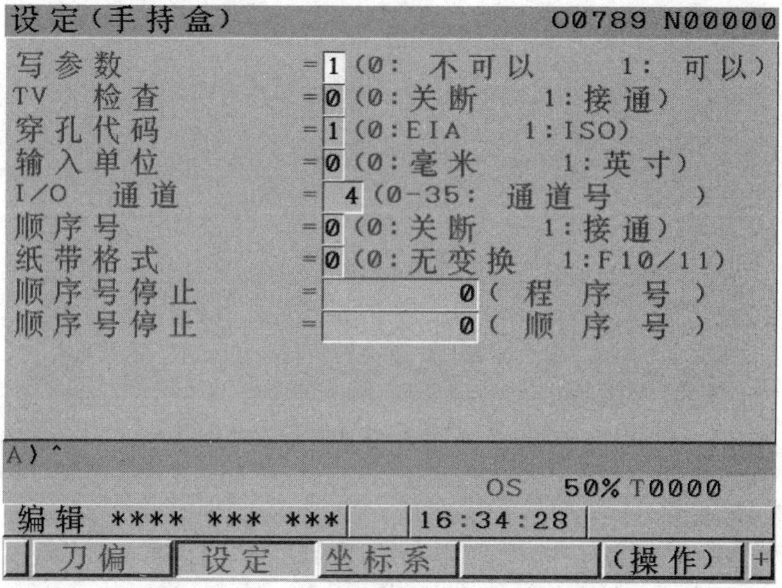

图 2-3-8

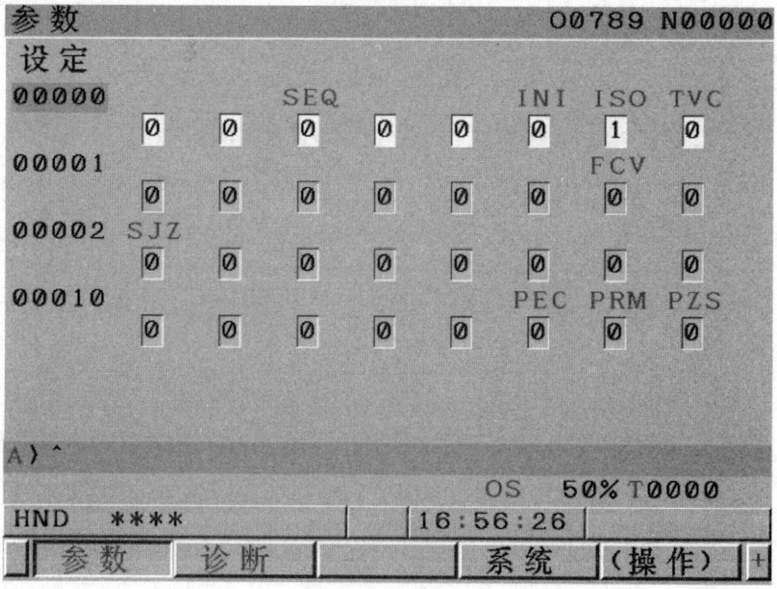

图 2-3-9

2. 诊断画面

当出现报警时，可以通过诊断画面进行故障的诊断，按图 2–3–9 中的“诊断”键，出现如图 2–3–10 所示的画面。

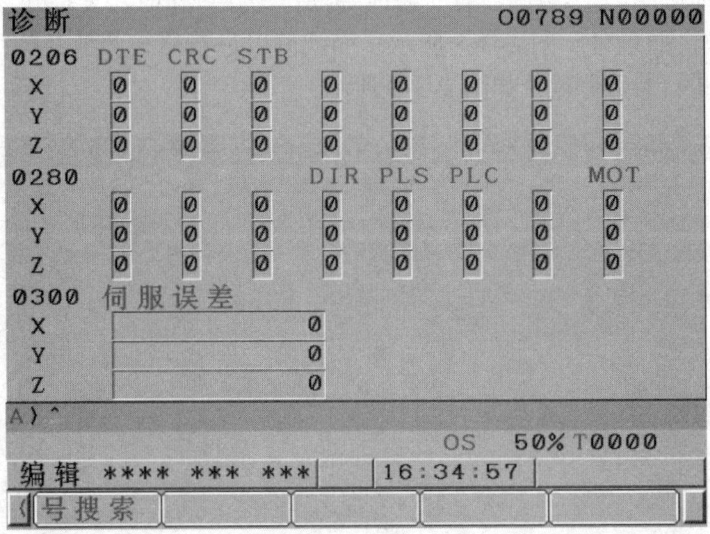

图 2–3–10

3. PMC 画面

PMC 就是利用内置在 CNC 的 PC 执行机床的顺序控制的可编程机床控制器。PMC 画面是比较常用的一个画面，它可以进行状态查询、PMC 在线编辑、通信等功能。按下“SYSTEM”键后，再按下“右扩展”键，会出现 PMC 画面，如图 2–3–11 所示。

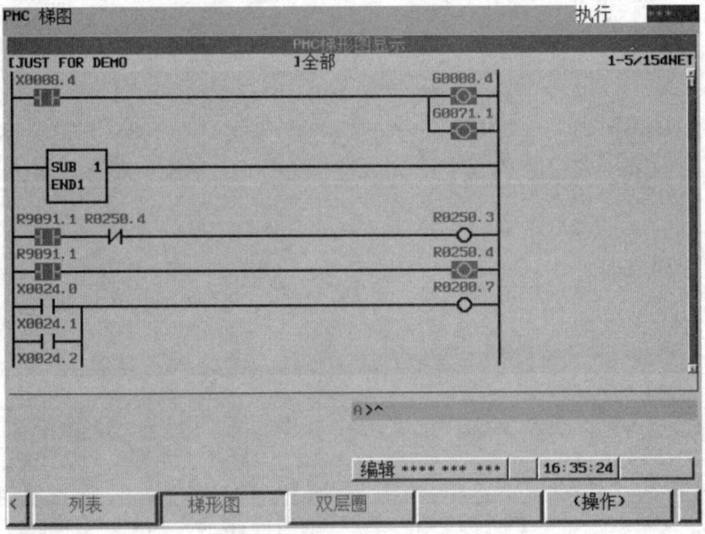

图 2–3–11

4. 伺服监视画面

伺服监视画面主要是进行伺服的监视，如位置环增益、位置误差、电流、速度等。按下“SYSTEM”键后，再按下“右扩展”键，会出现SV设定，如图2-3-12所示。

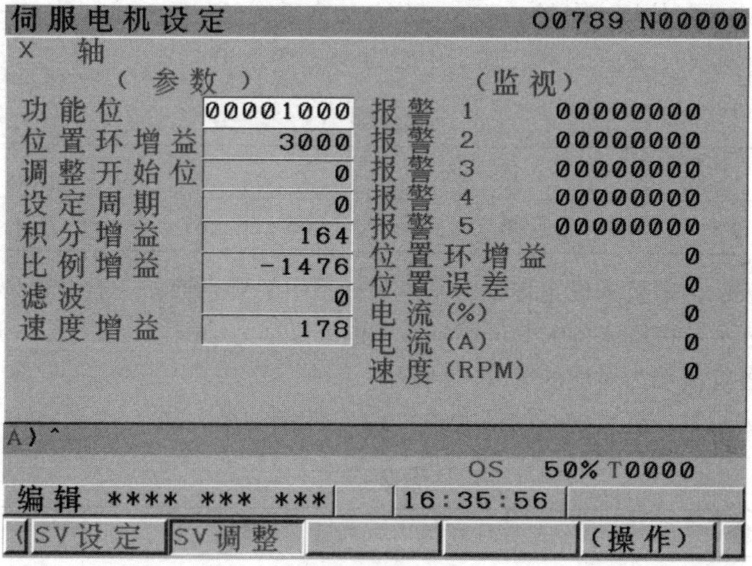

图2-3-12

5. 主轴监视画面

主轴监视画面主要是进行主轴状态的监视，如主轴报警、运行方式、速度、负载表等。按下“SYSTEM”键后，再按下“右扩展”键，会出现SP设定，如图2-3-13所示。

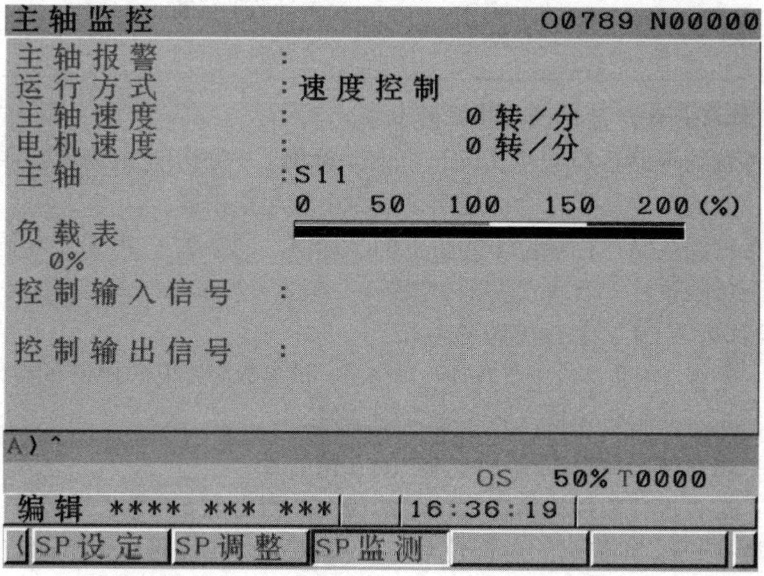

图2-3-13

三、数控系统基本参数的含义

1. 数控机床与轴有关的参数

1020 ：表示数控机床各轴的程序名称，如在系统显示画面显示的 *X*、*Y*、*Z* 等，一般设置：车床为 88，90；铣床与加工中心为 88，89，90。

表 2-3-1

轴名称	*X*	*Y*	*Z*	*A*	*B*	*C*	*U*	*V*	*W*
设定值	88	89	90	65	66	67	85	86	87

1022：表示数控机床设定各轴为基本坐标系中的哪个轴，一般设置为 1，2，3。

1023：表示数控机床各轴的伺服轴号，也可以称为轴的连接顺序，一般设置为 1，2，3，设定各控制轴为对应的第几号伺服。

8130：表示数控机床控制的最大轴数 CNC 控制的最大轴。

表 2-3-2

设定值	含义
0	旋转轴
1	基于 3 轴的 *X* 轴
2	基于 3 轴的 *Y* 轴
3	基于 3 轴的 *Z* 轴
5	*X* 轴的平行轴
6	*Y* 轴的平行轴
7	*Z* 轴的平行轴

2. 数控机床与存储行程检测相关的参数

1320：各轴的存储行程限位 1 的正方向坐标值。一般指定的为软正限位的值，当机床回零后，该值生效，实际位移超出该值时出现超程报警。

1321：各轴的存储行程限位 1 的负方向坐标值。同参数 1320 基本相同，所不同的是，指定的是负限位。

3. 数控机床与 DI / DO 有关的参数：

3003#0：是否使用数控机床所有轴互锁信号，该参数需要根据 PMC 的设计进行设定。

3003#2：是否使用数控机床各个轴互锁信号。

3003#3：是否使用数控机床不同轴向的互锁信号。

3004#5：是否进行数控机床超程信号的检查，当出现 506/507 报警时可以设定。

3030：数控机床 M 代码的允许位数。该参数表示 M 代码后数字的位数， 超出该设定出现报警。

3031：数控机床 S 代码的允许位数。该参数表示 S 代码后数字的位数，超出该设定出现报警。例如：当 3031=3 时，在程序中出现“S1000”即会产生报警。

3032：数控机床 T 代码的允许位数。

4. 数控机床与显示和编辑相关的参数

3105#0：是否显示数控机床实际速度。

3105#1：是否将数控机床 PMC 控制的移动加到实际速度显示。

3105#2：是否显示数控机床实际转速、T 代码。

3106#4：是否显示数控机床操作履历画面。

3106#5：是否显示数控机床主轴倍率值。

3108#4：数控机床在工件坐标系画面上，计数器输入是否有效。

3108#6：是否显示数控机床主轴负载表。

3108#7：数控机床是否在当前画面和程序检查画面上显示 JOG 进给速度或者空运行速度。

3111#0：是否显示数控机床用来显示伺服设定画面软件。

3111#1：是否显示数控机床用来显示主轴设定画面软件。

3111#2：数控机床主轴调整画面的主轴同步误差。

3112#2：是否显示数控机床外部操作履历画面。

3112#3：数控机床是否在报警和操作履历中登录外部报警 / 宏程序报警。

3281：数控机床语言显示，15 为中文简体。

3208#0：MDI 面板的功能键 SYSTEM 无效。

任务实施

步骤一：按下系统面板上的“SYSTEM”键，出现参数画面，如图 2-3-14 所示。

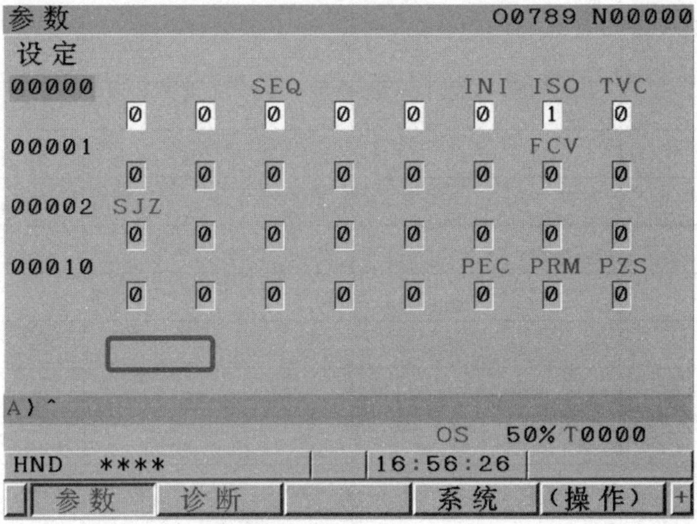

图 2-3-14

步骤二：输入需要查找的参数号，按下“号查询”软键，如图 2-3-15 所示。

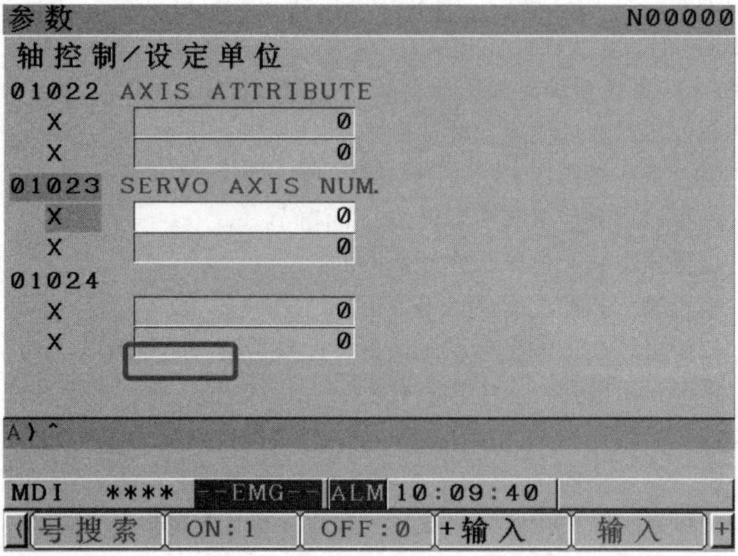

图 2-3-15

步骤三：查询参数号，填入表 2-3-3 中。

表 2-3-3

参数号	参数值	含义	备注

（2）在实训设备上对以上介绍的画面进行操作，并写出操作步骤。

①回零方式。

②手动方式。

③手轮方式。

④自动运行方式。

⑤ MDI 方式。

⑥诊断画面。

⑦ PMC 画面。

⑧伺服画面。

四、新系统开机后出现的报警画面

报警画面如图 2-3-16 所示。

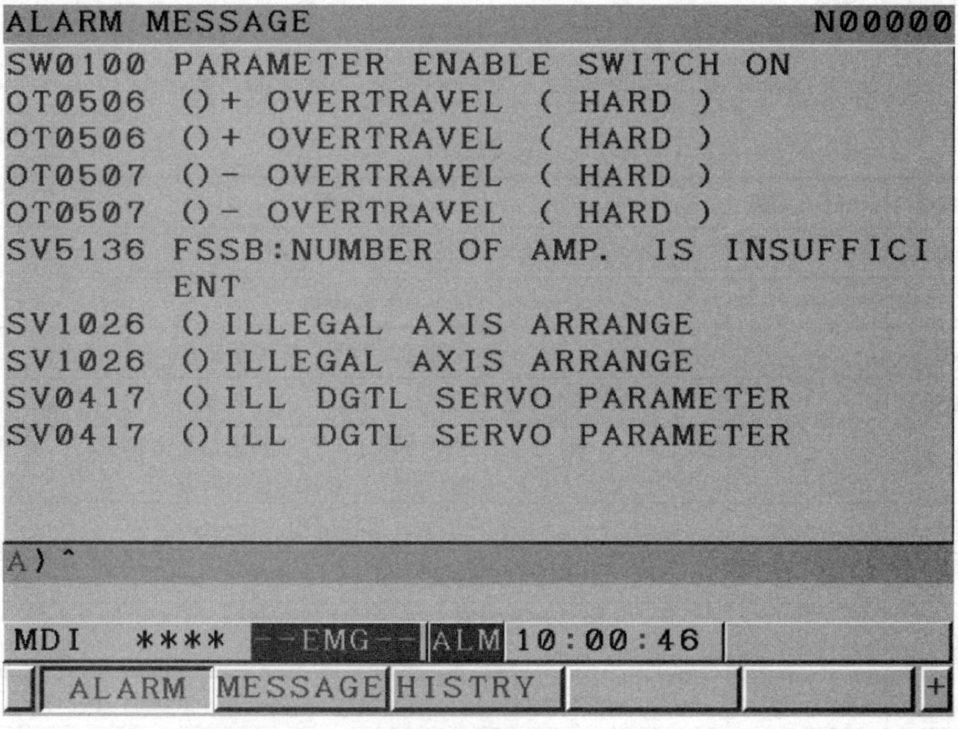

图 2-3-16

五、修改语言的操作

按下“OFSSET”键→“STTING”键→“MENU”键→“LANG”键→“OPRT”键→“APPLY”键，如图 2-3-17 所示。

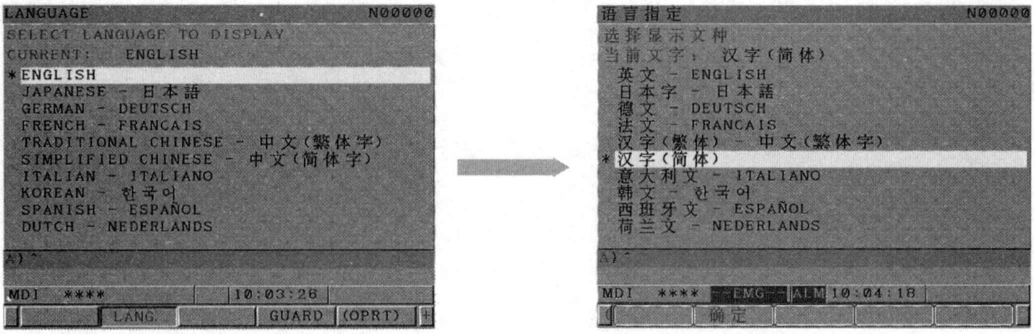

图 2-3-17

任务实施

★ 参数设置

全清系统是同时按住“RESET”+“DELETE”键，全清前，请备份。

表 2-3-4

参数号	一般设定值	说明
0000#1	1	输出数据位 ISO 代码
103、113	10	波特率
20	4	输入设备接口号，4 为存储卡
1005#0	1	来回零执行自动运行，调试时为 1，否则有 PS224 报警
1006#0	0	直线轴，一般是直线运动的轴，千万不要想到是电机旋转，设为回转轴，回转工作台才是回转轴
1006#3	1	车床 *X* 轴，直径编程和半径编程
1020	88、90	轴名称，设定值为轴名称的 ACSSII 码
1022	1、3	设定各轴为基本坐标系中的那个轴，2 为 *Y* 轴，车床没有 *Y* 轴
1023	1、2	轴连接顺序；轴屏蔽设置为 –128，2009#1=1
3401#1	1	指令数值单位为毫米，否则默认为微米，后面所有数据要按微米设置，需要输入很多 0
1320	调试为 9999	存储行程限位正极限，这个值调试为 9999，在设置好参考点后，手摇方式移动轴接近机械极限位置，查看机械坐标值，超出 500 报警
1321	调试为 9999	存储行程限位负极限，同上，超出 501 报警，如果设置 1320 小于 1321，自动忽略 500、501 报警
1401#0	调试为 1	未回零执行手动快速，未设置会发现快移键无效果，1420 值
1410	1000	空运行速度

续表

参数号	一般设定值	说明
1420	3000	各轴快移速度
1421	1000	各轴快移倍率为 FO 的速度
1423	3000	各轴手动速度
1424	同 1420	各轴手动快移速度，也可以为 0
1425	300~400	各轴返回参考点 FL 的速度
1430	1000	各轴最大切削进给速度
1620	50~200	快移时间常数，设置过大，会发现按键和轴移动反应有点慢
1622	50~200	切削进给时间常数
1624	50~200	JOG 时间常数
1815#4	1	机械位置和绝对位置编码器的对应关系未建立，出现 300 报警
1815#5	1	采用绝对值编码器，带电池
1820	2	CMR 值，指令倍乘比
1821	5000	参考计数器容量，对绝对值编码器的意义不大，和回零有关。
1825	3000	各轴位置环增益，这些参数不设置会出现 417 报警
1826	20	各轴到位宽度
1827	20	切削进给时的到位宽度
1828	10000	各轴移动位置极限偏差
1829	200	各轴停止位置极限偏差
2003#3	1	P–J 控制方式
2003#4	1	停止时微小振动设 1
2020	256	电机代码
2021	200	负载惯量比
2022	111	电机旋转方向，反向为 –111
2023	8192	速度反馈脉冲数
2024	12500	位置反馈脉冲数，半闭环设置 12500
2084、2085	1/200	柔性齿轮比
3003#0	1	互锁信号无效，G8.0
3003#2	1	各轴互锁信号无效，G130

续表

参数号	一般设定值	说明
3003#3	1	不同轴向的互锁信号无效，G132、G134
3004#5	1	硬超程信号无效，出现 506、507 设置，G114、G116
3105#0	1	显示实际进给速度
3105#2	1	显示主轴速度和 T 代码
3106#4	1	显示操作履历画面
3106#5	1	显示主轴倍率
3108#6	1	显示主轴负载表
3018#7	1	显示实际手动速度
3111#0	1	显示伺服调整画面
3111#1	1	显示主轴设定画面
3111#2	1	显示主轴调整画面
3111#5	1	显示操作监控画面
3112#2	1	显示外部操作信息履历画面
8130	2	控制轴数
8131#0	1	手轮有效
7113	100	手轮进给倍率 *m*，不设置手轮的 X100 倍率无效
7114	0	手轮进给倍率 *n*
3716	0	模拟主轴
3717	1	主轴放大器号
3718	80	显示下标
3720	4096	主轴编码器脉冲数
3730	1000	主轴速度模拟输出的增益调整
3735	0	主轴最低钳制速度
3736	1400	主轴最高钳制速度
3741	1400	主轴最大速度
3772	0	主轴上限钳制，设为 0，不钳制
8133#5	1	不使用串行主轴

六、伺服参数的设置

1. 伺服初始化参数的设置，进入初始化界面操作方法

首先连续按“SYSTEM”键 3 次，进入参数设定支援画面，如图 2-3-18 所示。

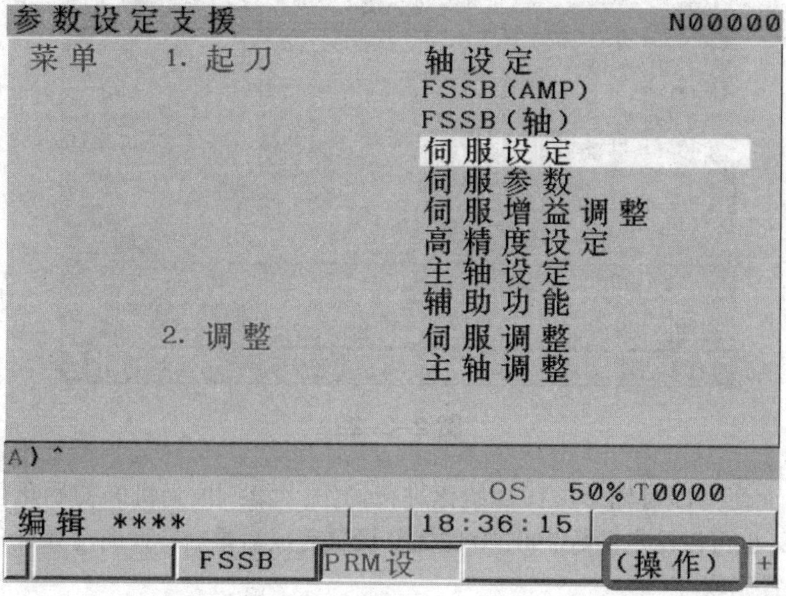

图 2-3-18

将光标移动到伺服设定上，然后按“操作”键，进入选择界面，如图 2-3-19 所示。

图 2-3-19

在此界面按“选择”键，进入伺服设定画面，如图 2-3-20 所示。

图 2-3-20

在此界面按“向右扩展”键，进入菜单与切换画面，如图 2-3-21 所示。

图 2-3-21

在此界面按“切换”键，进入伺服初始化界面，如图 2–3–22 所示。

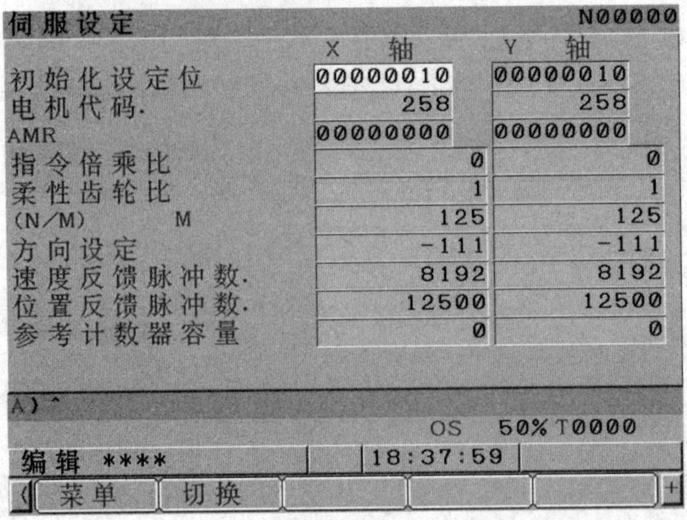

图 2–3–22

在此界面便可以对伺服进行初始化进行操作，第一项为机床初始化位，初始化时设定为 0，也可以设定参数 1902#0 位为 0 设置完成后重启，此时应该无任何报警出现，表示设置完成。

2. 使用 FANUC 参数一键设定功能

当系统第一次通电时，需要进行全清处理（上电时，同时按下 MDI 面板上的“RESET”键 + “DEL”键），如图 2–3–23 所示。

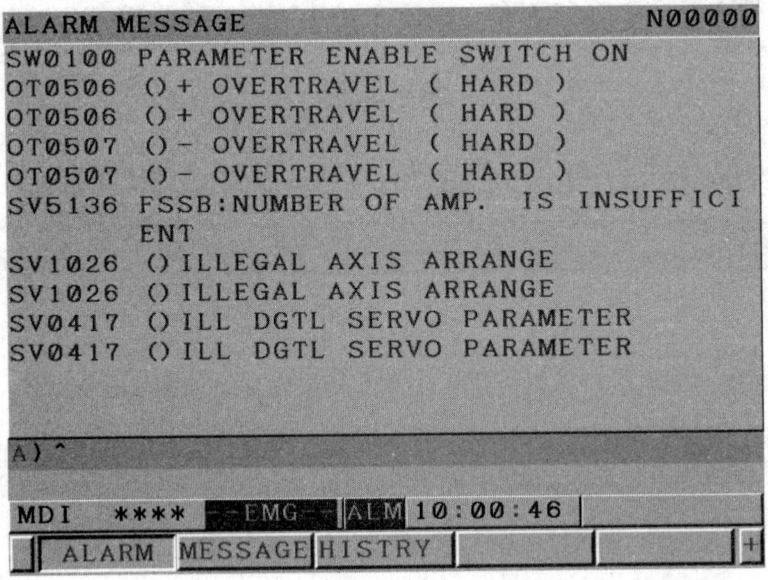

图 2–3–23

系统基本参数设定可通过参数设定支援画面进行操作。通过在机床启动时汇总需要进行最低限度设定的参数并予以显示，便于机床执行启动操作，通过简单显示伺服调整画面、主轴调整画面、加工参数调整画面，更便于进行机床的调整。

七、参数设定支援画面显示方法

通过以下步骤可显示该画面。操作步骤：按下功能键“SYSTEM”后，继续按下菜单键“+”数次，显示软键“PRM 设定”。

按下软键“PRM 设定”，出现参数设定支援画面，如图 2-3-24 所示。

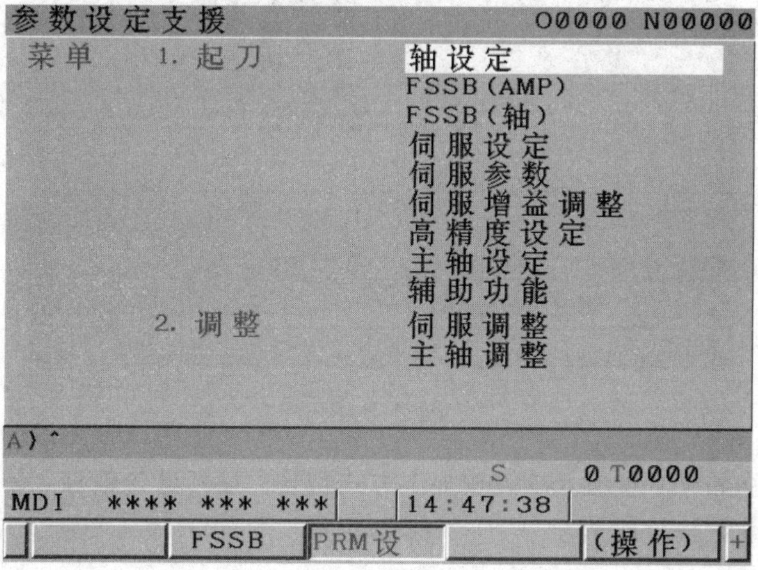

图 2-3-24

八、标准值设定

通过软键初始化，可以在对象项目内所有参数中设定标准值。

1. 初始化执行项目

初始化只可以执行如下项目：

●轴设定

●伺服参数

●高精度设定

●辅助功能

（1）进行本操作时，为了确保安全，请在急停状态下进行。

（2）标准值是 FANUC 建议使用的值，无法按照用户需要个别设定标准值。

（3）在本操作中，设定对象项目中所有的参数，但是也可以进行对象项目中各组的参数设定或个别设定参数。

2. 标准值设定操作步骤

在参数设定支援画面上，将光标指向要进行初始化的项目。按下软键“操作”，显示软键“初始化”，如图 2-3-25 所示。

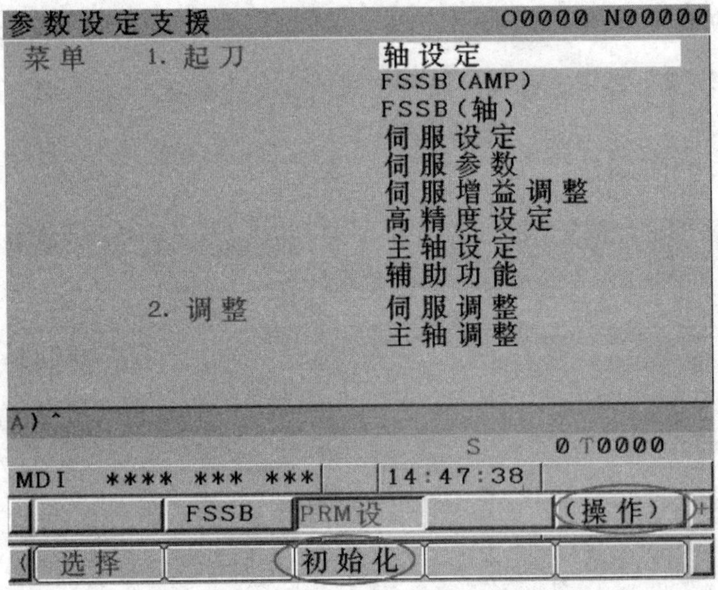

图 2-3-25

按下“初始化”按键。软键按如下方式切换，显示警告信息“是否设定初始值？”，如图 2-3-26 所示。

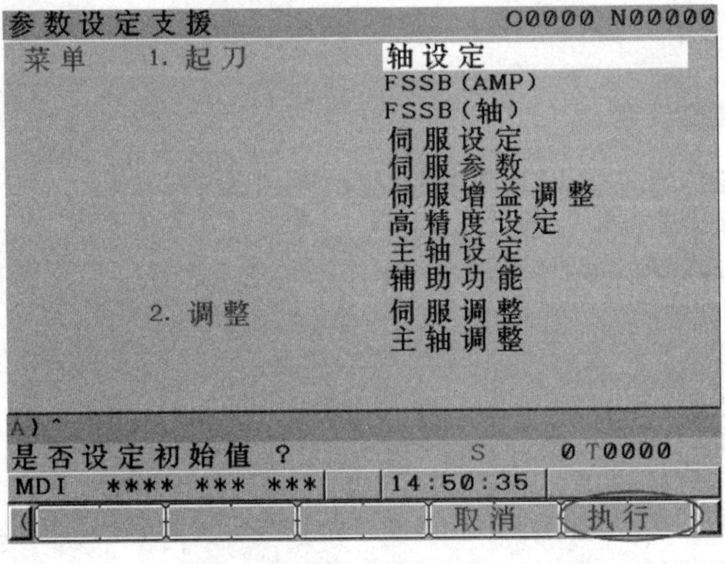

图 2-3-26

按下软键“执行”，设定所选项目的标准值。通过本操作，会自动将所选项目中包含的参数设定为标准值。

不希望设定标准值时，按下软键“取消”，即可中止设定。另外，没有提供标准值的参数，不会被变更。

九、与轴设定相关的 NC 参数初始设定

进入参数设定支援画面，按下软键“操作”，将光标移动至“轴设定”处，按下软键“选择”，出现参数设定画面，如图 2–3–27 所示。此后的参数设定，就在该画面进行。

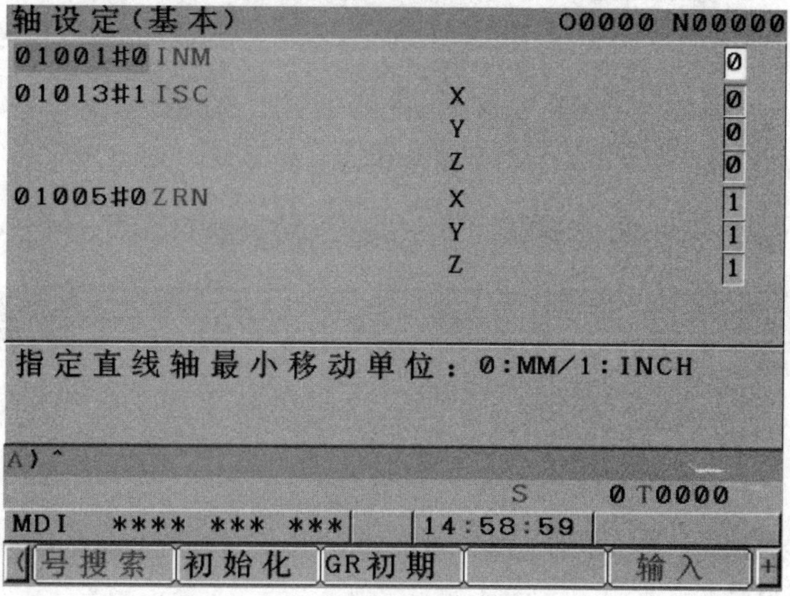

图 2–3–27

在参数设定画面上进行参数的初始设定。在参数设定画面上，参数被分为几组，并被显示在每组的连续页面上。

1. 基本组参数设定

参数设定，包含标准值和非标准值。

（1）标准值设定。

进行基本组的参数标准设定。

按下“PAGE UP/PAGE DOWN”键数次，显示出基本组画面，而后按下软键“GR初期”，如图 2–3–28 所示。

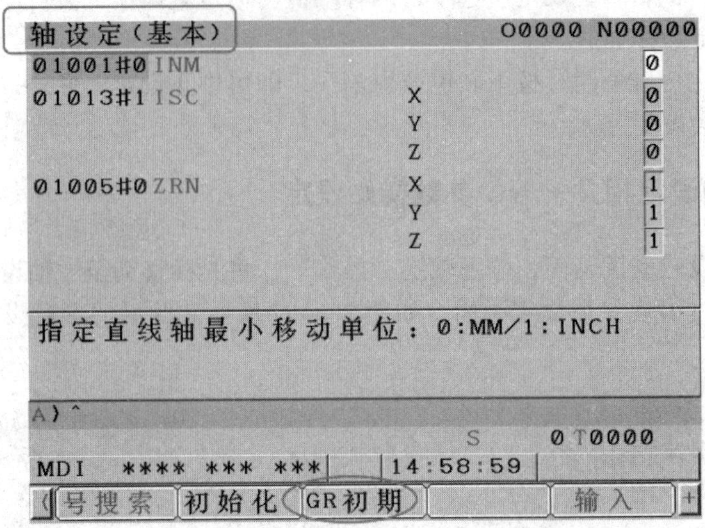

图 2–3–28

画面上出现“是否设定初始值？”提示信息，按下软键“执行”如图 2–3–29 所示。

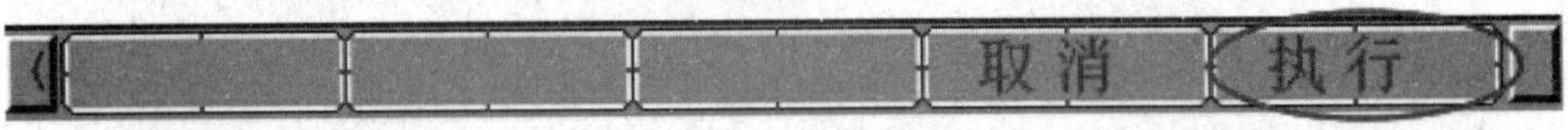

图 2–3–29

至此，基本组参数的标准值设定完成。

注意：

①无论从组内的哪个页面上选择“GR 初期”，对于组内的所有页面上的参数，均进行标准值设定。

②有的参数没有标准值，即使进行了标准值的设定，这些参数的值也不会被改变。

③根据标准值设定，有时会出现报警（PW0000），必须关断电源，并切换到报警画面，但是，此时不必立即切断电源。请按照（1）准备中的说明，重新显示参数设定画面，进入下一步骤。

（2）没有标准值的参数设定。

有的参数是没有标准值的，还需要根据配置进行手工设定。如表 2–3–5 所示。

表 2–3–5

参数号	一般设定值	说明
1001#0	0	
1013#1	0	
1005#1	0	

续表

参数号	一般设定值	说明
1006#0	0	
1006#3	0	
1006#5	0	
1815#1	0	
1815#4	1	
1815#5	1	使用绝对值编码器
1825	3000	
1826	10	
1828	7000	
1829	500	

2. 主轴组

按下“PAGE”键，进入主轴组。

（1）标准值设定。

进行主轴组的参数标准值的设定。以与“基本组”的“标准值设定”相同的步骤进行设定。

（2）没有标准值的参数设定（见表 2–3–6）。

表 2–3–6

参数号	一般设定值	说明
3716	0	
3717	1	
3718	80	
3720	4096	
3730	1000	
3735	0	
3736	1400	
3741	1400	
3772	0	
8113#5	1	

3. 坐标组

（1）标准值设定。

进行坐标组的参数标准值的设定。以与“基本组”的“标准值设定”相同的步骤进行设定。

（2）没有标准值的参数设定（见表 2–3–7）。

表 2–3–7

参数号	一般设定值	说明
1240	0	
1241	0	
1320	9999	
1321	9999	

4. 进给速度组

（1）标准值设定。

进行进给速度的参数标准值的设定。与“基本组”的“标准值设定”相同的步骤进行设定。

（2）没有标准值的参数设定（见表 2–3–8）。

表 2–3–8

参数号	一般设定值	说明
1410	1000	
1420	5000	
1421	1000	
1423	1000	
1424	5000	
1425	150	
1428	5000	
1430	3000	

5. 进给控制组

该组无标准参数，需要手工设定（见表 2–3–9）。

表 2–3–9

参数号	一般设定值	说明
1610#0	0	
1610#4	0	
1620	100	
1622	32	
1623	0	
1624	100	
1625	0	

断开 NC 的电源，而后再接通。通过上述操作，与轴设定相关的 NC 参数的初始设定到此结束。此时，轴还是不能移动，还需要设置（PMC 正确的前提下）如下参数（见表 2-3-10）。

表 2-3-10

参数号	一般设定值	说明
3003#0	1	
3003#2	1	
3003#3	1	
3004#5	1	

十、FSSB 的设定

（1）在伺服设定画面、伺服调整画面上进行下列设定，如图 2-3-30 所示。

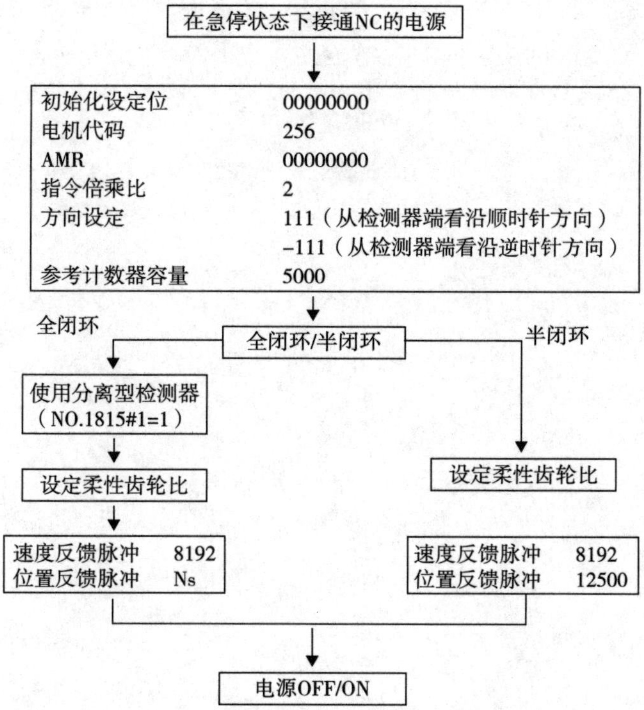

图 2-3-30

（2）手摇的设定（见表 2-3-11）。

表 2-3-11

参数号	一般设定值	说明
8131#0	1	
7113	100	
7114	0	

任务拓展

查阅参数手册，了解相关参数的详细含义与用法。

模块三　数控机床螺距误差检测与补偿

任务 1　数控机床螺距误差产生原因及分析

◇任务简介◇

本任务主要是从介绍数控机床的传动方式入手，了解滚珠丝杆的结构在数控机床上的传动方式以及此传动方式下，对数控机床产生的螺距误差的原因分析。

◇学习目标◇

1．滚珠丝杆的结构及传动方式。
2．产生数控机床螺距误差的原因分析。

◇知识要点◇

一、数控机床的传动方式

滚珠丝杠作为数控机床进给传动链中的重要组成部分，在整个传动链中起着将旋转运动转化为直线运动的重要作用。作为数控机床的进给驱动部件，一般情况是伺服电机通过联轴器将动力直接传递给滚珠丝杠，丝杠旋转带动丝杠螺母横向移动；也有的进给机构是将动力传递给丝杠螺母，丝杠螺母旋转推动丝杠做前后移动，完成将旋转运动转化为直线运动这一过程。滚珠丝杠对性能的要求很严格，如需要传动可靠性高、摩擦损失小、传动效率高等。在机床运行过程中，必须保证丝杠做工精细，才能使其光滑、反应灵敏，从而实现机床的高精度（精度为 η=0.92~0.96）。同时在对丝杠施加预紧力后，只有确保消除轴向的间隙，才能减小方向传动误差和提高定位精度。

滚珠丝杠副是进给系统的最后一个传动副。由于丝杠和螺母存在各种误差，如螺距累积误差、螺纹滚道型面误差、直径尺寸误差等（其中最主要的是丝杠的螺距累积误差）；滚珠丝杠在装配过程中，由于采用了双支撑结构，使丝杠轴向拉长，造成丝杠螺距误差增加，产生机床目标值偏差；机床装配过程中，由于丝杠轴线与机床导轨平行度的误差从而引起机床目标值偏差。 螺距误差补偿是将机床实际移动的距离与指令移动的距离之差；通过调整数控系统的参数来增减指令值的脉冲数，实现机床实际移动距离与指令值相接近，以提高机床的定位精度。螺距误差补偿只对机床补偿段起作用，在数控系统允许的范围内将起到补偿作用。利用数控系统提供的螺距误差补偿功能，可以对螺距误差进行补偿和修正，达到提高加工精度的目的。另外，数控机床经过长时间使用后，由于磨损等原因，造成精度下降，通过对机床进行定期检定和误差补偿，可在保持精度的前提下延长机床的使用寿命。

通过表 3–1–1 对滚珠丝杆结构的观察和对比可以发现：

表 3–1–1

循环方式	内循环	外循环
结构	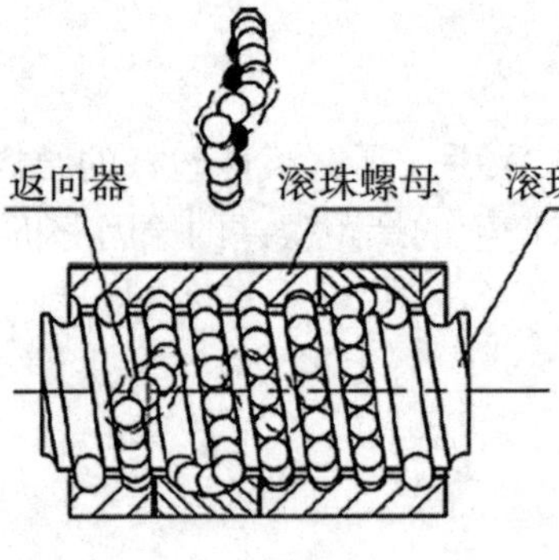	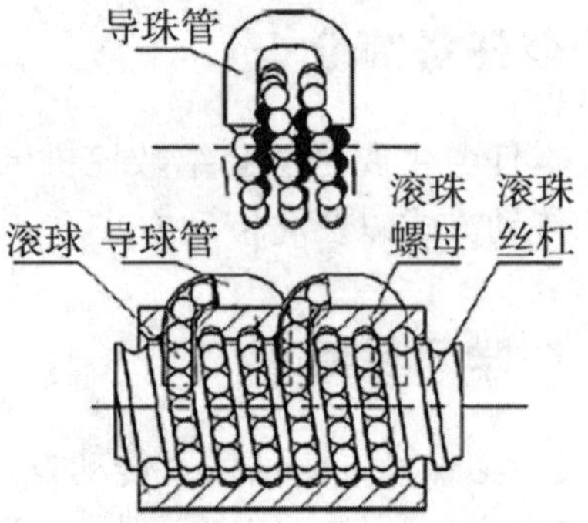
圈数	每个返向器 1 圈	1.5 圈以上（2.5、3.5 圈）
列数	2 列以上	1 列以上
螺母外径	小	大
特点	通过返向器组成滚珠循环回路，每一个返向器组成 1 圈滚珠链。承载小，适应于螺母外径小、导致小的滚珠丝杠副结构	通过插管组成滚珠循环回路，每一个插管少 1.5 圈滚珠链。因此，承载大，适应于小导程、一般导程和重型滚珠丝杠副结构

在进给传动链中，齿轮传动、滚珠丝杠螺母副等均存在反转间隙。这种反转间隙会造成工作台反向时，电动机空转而工作台不动，使半闭环系统产生误差和全闭环系统位置环振荡不稳定。为解决这一问题，可先采取调整和预紧的方法，减少间隙。对于剩余间隙，在半闭环系统中可将其值测出，作为参数输入数控系统，此后每当坐标轴接收到反向指令时，数控系统便调用间隙补偿程序，自动将间隙补偿值加到由插补程序算出的位置增量命令中，以补偿间隙引起的失动。这样控制电动机多走一段距离，这段距离等于间隙值，从而补偿了间隙误差。螺距误差是指由螺距累积误差。引起的常值系统性定位误差在半闭环系统中，定位精度很大程度上受滚珠丝杠精度的影响。尽管滚珠丝杠的精度很高，但总存在着制造误差；要得到超过滚珠丝杠精度的运动精度，必须采用螺距误差补偿功能，利用数控系统对误差进行补偿与修正。采用该功能的另一个原因是，数控机床经长时间使用后，由于磨损，其精度可能会下降。采

用该功能进行定期测量与补偿，可在保持精度的前提下，延长机床的使用寿命。

二、数控机床螺距误差产生的原因

螺距误差的产生，主要由于机床误差、传动系统调整不准确及切削过程中的变形等因素引起的。

1. 机床误差

（1）机床滚珠丝杆的螺距误差影响最大。滚珠丝杆的螺距误差也将直接反映到被加工的工件上，通常采用校准装置来消除机床丝杆的螺距误差。另外，温度及其他因素也会对工件螺距误差产生累积误差。

（2）机床丝杆出现轴向窜动和径向跳动时，相当于机床在做自身轴向移动时，同样在做直径方向上的径向跳动，机床工作台的这种周期性变化将会直接作用在做加工工件上，在工件表面形成高低起伏不定的表面形式，再进行螺纹加工时，也会相应地出现螺纹的螺距误差。因此对高精度机床，丝杆轴向窜动一般要求在 0.002 mm 以内。

（3）床身导轨在水平面内偏斜引起螺距的误差。床身导轨与工件旋转中心线不平行，会使切削出的螺纹有锥度，除产生中经误差外，螺距也产生相应的累积误差。螺距误差沿被加工螺纹的长度逐渐增大（当锥度方向相反时，螺距误差为递减）。床身导轨在水平面内偏斜产生的误差，可以通过移动后顶尖来校准。

（4）床身导轨在垂直平面内倾斜引起螺距的误差。车刀前刀面应在与工件中心等高的位置上，这样才能车削出正确的牙型。由于车床床身导轨在垂直面内倾斜，加工过程中会改变车刀纵向走刀方向，使前刀面高于或低于工件中心距离，而高于或低于工件中心的距离会沿着工件全长各点会逐渐增大，从而除引起牙型误差外，还会产生累积性的螺距误差。所以床身导轨在垂直平面内倾斜要加以严格控制。

（5）机床前后顶尖存在同轴度误差。机床前后顶尖在水平面内的同轴度误差与机床导轨在水平面内的偏斜使工件所产生的误差相同。而机床两顶尖在垂直平面内不同心所产生的误差与机床导轨在垂直平面内倾斜产生的误差相同。此外，由于工件轴心与机床主轴轴心线不重合时，在机床主轴运动时，会造成主轴的旋转与工件的旋转存在同轴度的偏差，这样就会引起螺距周期性误差。误差的大小不但与顶尖偏差有关，还与所用卡盘和卡头的结构有关。

（6）主轴径向圆跳动和轴向窜动。主轴的径向圆跳动，会周期性地改变工件与刀具之间的径向相互位置，从而引起周期性的螺距误差。工件螺距的最大误差在靠近主轴端，而尾顶尖处误差最小。主轴轴向窜动量是引起工件螺距误差的最直接原因，其值等于主轴轴向窜动量。精密螺纹车床像磨床那样，使用不旋转的顶尖，已消除这些误差。精密螺纹车床主轴的轴向窜动量应控制在 0.002 mm 以内，主轴的径向跳动量应控制在靠主轴端部为 0.003 mm 以内，用芯棒插入主轴锥孔，在离主轴端部 300 mm 处的芯棒上测量为 0.007 mm。

2. 机床传动系统的调整误差

机床主轴与丝杆之间传动系统（传动链）中交换的速比有时只能采用近似值，这会引起累积性螺距误差。除此之外，从主轴到丝杆之间传动链中齿轮的制造误差或安装误差，都将引起工件的螺距精度，可采取以下措施：

（1）缩短传动链。主轴经交换齿轮直接带动丝杆，以减少传动链中齿轮传动引起的误差环节。

（2）保证交换齿轮传动速比有足够的正确性。

（3）提高传动链中各个传动件的制造精度和装配精度。

（4）采用精密同步随动系统。

3. 切削过程中工件变形

（1）工件在切削力作用下的变形。在切削力作用下，工件因变形而产生螺距误差，误差的大小随工件长度及其刚度而定。在径向切削力的作用下，产生的螺距误差与机床导轨在水平面内的偏斜所产生的误差相同；在垂直切削分力的作用下产生的误差相同，两者的综合误差在中径测量时会体现出来。

（2）切削过程中工件的热变形。在切削过程中，由于机床丝杆和工件之间会产生温度差，引起热变形，从而使工件螺距产生误差。加工时工件的热源（切削变形、刀具后刀面与工件及刀具前刀面与切屑之间的摩擦、跟刀架的支承与工件外圆的摩擦等）所产生的热，使工件受热伸长，加工完成冷却后又收缩。机床丝杆同螺母之间，丝杆两端的轴承也会发生摩擦热，使机床丝杆的温度升高，但工件的温升比机床丝杆的温升要高得多，于是两者的实际的膨胀量就会有差异。加工时，机床丝杆热变形小，切出的工件螺距误差小；但加工完毕，工件冷却后要缩短，螺距变小，这样就产生了螺距误差，误差随工件长度增大而增大。线膨胀公式如下：

$$\Delta L=\alpha L\Delta \mathrm{t}$$

式中：ΔL——线膨胀的伸长量，mm；

α 线膨胀系数，钢的系数 α=11.7×10（1/℃）；

L——工件长度，mm；

Δt——温度差，℃；

若工件长度 1 m，温度差 1℃，则引起的螺距累积误差将是 11.7 μm，而 6 级精度丝杆在 1 m 长度上，螺距累积误差的允差是 15 μm。

由此可见，控制机床丝杆和被加工丝杆之间的温度差，是保证精密丝杆加工精度的一个重要因素。为了降低热变形的影响，精密丝杆螺纹的加工工序应在恒温室中（温度控制在 20℃ ±1℃）进行，加工时尽量减少机床、工件的各部分温度差。将工件在恒温室内放置几个小时，待与室温一致后方可进行加工；开始加工前，开动机床，空转一段时间，使机床主轴及丝杆等零件达到热平衡状态，以免在加工过程中机床零部件的温度逐步升高；选用较低的切削用量，并使用切削液。此外，如果精车为最后工序，则在精车后最后一次走刀前最好停留一段时间，让工件冷却，这也是减少热变形的关键。

任务 2　步距规对螺距误差产生补偿及应用

◇任务简介◇

本任务主要介绍步距规的结构和功能以及使用步距规检测数控机床螺距误差的方法。

◇学习目标◇

1. 步距规的结构及功能介绍。
2. 使用步距规检测螺距误差的方式以及数据分析处理。

◇知识要点◇

一、步距规

步距规（图 3–2–1）是一种高精度量具，它不仅可以检验数控机床的定位精度，还可以重复定位精度进行检测。检测的可以使用激光干涉仪、线纹尺、步距规等。其中，使用步距规测量定位精度因其操作仪器简单而在批量生产中被广泛采用。图 3–2–2 所示为步距规的结构简图。

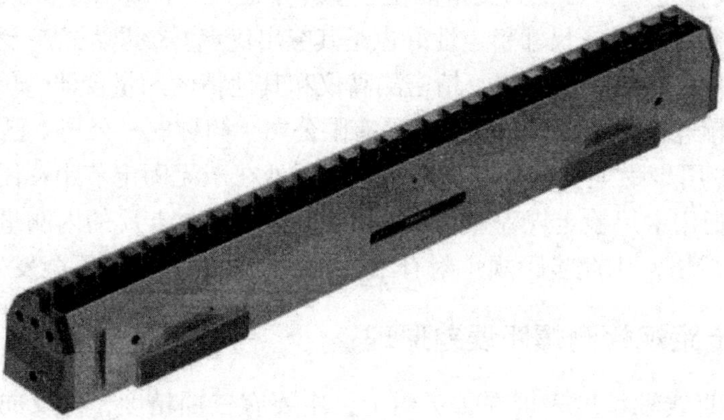

图 3–2–1　步距规

步距规的结构形式分为以下几种。

（1）外凸型步距规：测量块凸出基体之外。其优点是检验数控机床比较方便（杠杆千分表测头可多个方向进出测量区）；缺点是工作尺寸稳定性较差，使用中难免受意外磕碰，以致工作尺寸发生变化而不易发现。

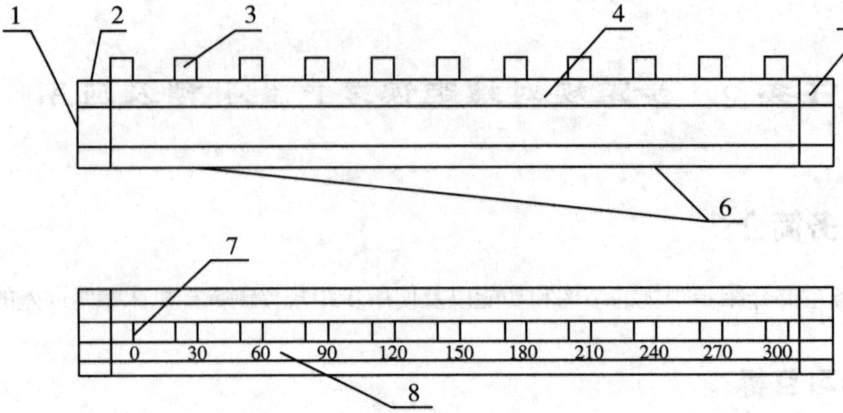

1—端面；2—端座；3—量块；4—基体；
5—端盖；6—底面；7—零点工作面；8—标尺

图 3-2-2 步距规结构简图

（2）带护栏步距规：属于改进的外凸型结构。测量块两侧各有一列凸出的防护块形成护栏，能有效防止意外碰撞的影响，消除上述隐患。

（3）内凹型步距规：测量块装置在步距规内凹处。优点是工作尺寸稳定性好，多用于检测三坐标测量机；缺点是用于检测数控机床不够方便，因其各工作尺寸不统一，分散较大，进行误差计算和修正时容易出错。

（4）单体步距规：测量块与基体为一体，侧面有凸出测量块，可视为多值量块。优点是便于携带、等温时间短、有附加磁片便于使用且价格低；缺点是尺寸稳定性差。

（5）单体高稳定型：可视为测量面位于基体中心线上的单体步距规，除具有上述单体步距规的多数优点外，尺寸稳定性好也是其突出优点。该步距规广泛用于检验和校准数控机床、坐标测量机、影像仪、精密测高仪和其他精密测量仪器。单体高稳定型步距规过去完全依赖进口，现在桂林安一量具有限公司（简称安一公司）已批量生产。

（6）卡尺专用步距规：属外凸型结构，不同处在于无固定节距。用于检验卡尺类量具，符合现行通用卡尺检定规程 JJG 30—2012。新规程对卡尺的内测量和外测量示值误差的要求相当严格，用此步距规（附有细分量块）检验卡尺，不会发生漏检现象。

二、使用步距规检测螺距误差原理

数控机床的直线轴精度表现在轴进给上，主要有三项精度，即反向间隙、定位精度和重复定位精度。其中反向间隙、重复定位精度可以通过机械装置的调整来实现，而定位精度在很大程度上取决于直线轴传动链中滚珠丝杠的螺距制造精度。

为了解决滚珠丝杆在制造上的螺距误差，提高定位精度，数控系统有针对性也开发出了螺距误差补偿功能，用数控系统的螺距误差螺距补偿功能是最节约成本且直接有效的方法。通过对螺距误差补偿的熟练掌握，可以处理许多数控机床的加工难题。

螺距误差补偿原理是将机械参考点返回后的位置作为螺距补偿原点，CNC 系统以设定在螺距误差补偿参数中的螺距补偿量和 CNC 移动指令为基准，综合控制伺服轴的移动量，补偿丝杠的螺距误差。螺距误差补偿功能提供了一种补偿方案，要求我们将所检测出的螺距误差值，按照一定的方法，输入到数控系统中相对应的参数中即可。

使用步距规定点的脉冲补偿方法可修正螺距误差，提高定位精度。其原理是在各坐标轴上设定一些坐标点，当机床运动经过这些点时，系统根据当前位置和指令位置在螺距补偿误差表中计算出实际的补偿值，对指令位置进行补偿，产生实际输出值控制伺服电机。数控系统以机床零点为基准，在不同的指令位置，按补偿表中的误差值进行补偿。数控系统在每段数据插补过程中均进行误差补偿，以获得最高精度。

实现过程和步骤如下：

（1）在数控机床上正确安装杠杆千分表；

（2）在整个步距规行程上，每隔一定距离取一个位置点作为测量点；

（3）记录运动到测量点的实际精确位置；

（4）将各点处的误差值读数记录下来，形成在不同的指令位置处的误差表；

（5）多次测量，在机床定位精度、重复定位精度和反向间隙计算表中进行数据处理；

（6）将所测数据的处理结果输入到系统螺距误差补偿表中进行补偿。

步距规对螺距误差补偿的方法如下。

使用设备：步距规、杠杆百分表、杠杆千分表、磁性表座。

1. 定位精度和重复定位精度的确定

《机床检验通则第 2 部分数控轴线定位精度和重复定位精度的确定》（GB/T 1721.2—2016）国家标准评定方法。

（1）目标位置 P_i：运动部件编程要达到的位置。下标 i 表示沿轴线选择的目标位置中的特定位置。

（2）实际位置 P_{ij}（$i=0\sim m$，$j=1\sim n$）：运动部件第 j 次向第 i 个目标位置趋近时的实际测得的到达位置。

（3）位置偏差 X_{ij}：运动部件到达的实际位置减去目标位置之差，$X_{ij}=P_{ij}-P_i$。

（4）单向趋近：运动部件以相同的方向沿轴线（指直线运动）或绕轴线（指旋转运动）趋近某目标位置的一系列测量。符号↑表示从正向趋近所得参数，符号↓表示从负向趋近所得参数，如 $X_{ij}\uparrow$ 或 $X_{ij}\downarrow$。

（5）双向趋近：运动部件从两个方向沿轴线或绕轴线趋近某目标位置的一系列测量。

（6）某一位置的单向平均位置偏差↑或↓：运动部件由 n 次单向趋近某一位置 P_i 所得的位置偏差的算术平均值。

$$\overline{X_i}\uparrow=\frac{1}{n}\sum_{j=1}^{n}X_{ij}\uparrow \qquad \overline{X_i}\downarrow=\frac{1}{n}\sum_{j=1}^{n}X_{ij}\downarrow$$

（7）某一位置的双向平均位置偏差 X_i：运动部件从两个方向趋近某一位置 P_i 所

得的单向平均位置偏差 X_i ↑和 X_i ↓的算术平均值。

$$P_i=(\overline{X}_i\uparrow+\overline{X}_i\downarrow)/2$$

（8）某一位置的反向差值 B_i：运动部件从二个方向趋近某位置时两单向平均位置偏差之差。

$$B_i=\overline{X}_i\uparrow-\overline{X}_i\downarrow$$

（9）轴线反向差值 B 和轴线平均反向差值 $\overline{B}$：运动部件沿轴线或绕轴线的各目标位置的反向差值的绝对值｜B_i｜中的最大值即为轴线反向差值 B；沿轴线或绕轴线的各目标位置的反向差值的 B_i 的算术平均值即为轴线平均反向差值 $\overline{B}$

$$B=\max[\,|B_i|\,]$$

$$\overline{B}_i\uparrow=\frac{1}{m}\sum_{i=1}^{m}B_i\uparrow$$

（10）在某一位置的单向定位标准不确定度的估算值 S_i ↑或 S_i ↓。通过对某一位置 P_i 的 n 次单向趋近所获得的位置偏差标准不确定度的估算值。即

$$S_i\uparrow=\sqrt{\frac{1}{n-1}\sum_{j=1}^{n}(x_{ij}\uparrow-\overline{x}_i\uparrow)^2}\quad\text{或}\quad S_i\downarrow=\sqrt{\frac{1}{n-1}\sum_{j=1}^{n}(x_{ij}\downarrow-\overline{x}_i\downarrow)^2}$$

（11）在某一位置的单向重复定位精度 R_i ↑或 R_i ↓及双向重复定位精度 R_i：

$$R_i\uparrow=4R_i\uparrow\quad\text{和}\quad R_i\downarrow=4S_i\downarrow$$

$$R_i=\max[\,2S_i\uparrow+2S_i\downarrow+|R_i|;\ R_i\uparrow;\ R_i\downarrow\,]$$

（12）轴线双向重复定位精度 R：

$$R=\max[\,R_i\,]$$

（13）轴线双向定位精度 A：由双向定位系统偏差和双向定位标准不确定度估算值的 2 倍的组合来确定的范围。即

$$A=\max(\overline{X}\uparrow+2S_i\uparrow;\ \overline{X}\downarrow+2S_i\downarrow)-\min(\overline{X}\uparrow-2S_i\uparrow;\ \overline{X}\downarrow-2S_i\downarrow)$$

定位精度和重复定位精度的确定如下：

定位精度 A：在测量行程范围内（运动轴）测 2 点，一次往返目标点检测（双向）。测试后，计算出每一点的目标值与实测值之差，取最大位置偏差与最小位置偏差之差除以 2，加正负号（±）作为该轴的定位精度。即：

$$A=\pm1/2\{\max[\,(\max X_j\uparrow-\min X_j\uparrow),\ (\max X_j\downarrow-\min X_j\downarrow)\,]\}$$

重复定位精度 R：在测量行程范围内任取左、中、右 3 点，在每一点重复测试 2 次，取每点最大值最小值之差除以 2 就是重复定位精度。即

$$R=1/2[\,\max(\max X_i-\min X_i)\,]$$

2. 定位精度测量工具和方法

检测定位精度和重复定位精度的测量仪器可以使用步距规。检测时，在其全行程上的测量点数不应少于 5 点，测量间距按下式确定：

$$P_i=i\times P+k$$

式中，P 为测量间距；k 为在各目标位置取不同的值，以获得全测量行程上各目标位置的不均匀间隔，以保证周期误差被充分采样。

步距规结构如图 3–2–3 所示：尺寸 P_1、$P_2 \cdots P_i$ 按 100 mm 间距设计，加工后测量出 P_1、$P_2 \cdots P_i$ 的实际尺寸作为定位精度检测时的目标位置坐标（测量基准）。以加工中心 X 轴定位精度测量为例，测量时，将步距规置于工作台上，并将步距规轴线与 X 轴轴线校平行，令 X 轴回零；将杠杆千分表固定在主轴箱上（不移动），表头接触在 P_0 点，表针置零；用程序（见附件一）控制工作台按标准循环图（图 3–2–4）移动，移动距离依次为 P_1、$P_2 \cdots P_i$，表头则依次接触到 P_1、$P_2 \cdots P_i$ 点，表盘在各点的读数则为该位置的单向位置偏差。按标准循环图测量 5 次，将各点读数（单向位置偏差）记录在记录表中，按图 3–2–5 对数据进行处理，可确定该坐标的定位精度和重复定位精度。

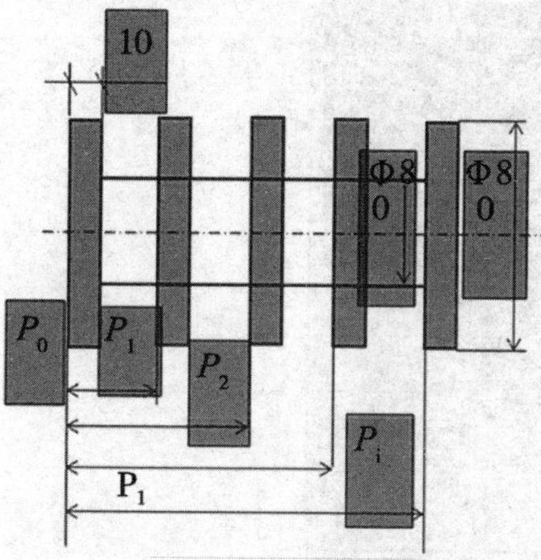

图 3–2–3　步距规结构图

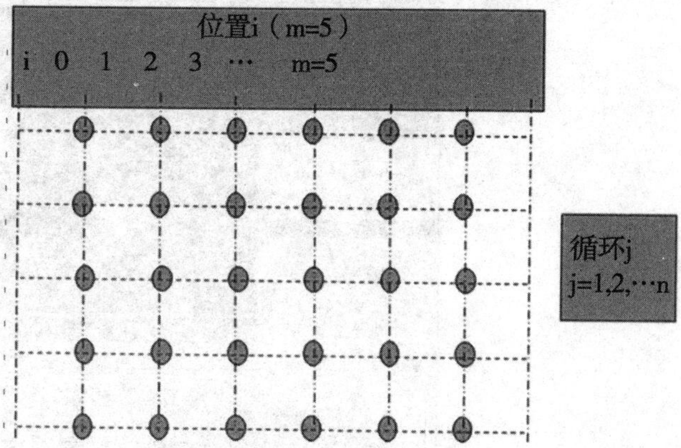

图 3–2–4　标准检验循环图

				机床定位精度、重复定位精度和反向间隙计算表												编号：			
机床型号及名称						测试坐标		轴		检验员									
机床编号						测试温度		℃		检测时间									
目标位置序号 i		1		2		3		4		5		6		7		8		9	
目标位置坐标 Pi																			
趋近方向		↑	↓	↑	↓	↑	↓	↑	↓	↑	↓	↑	↓	↑	↓	↑	↓	↑	↓
位置偏差	1	67	11	70	16	78	15	67	3	68	1	64	3	67	6	64	5	67	13
	2	65	11	67	13	75	14	65	0	62	−1	61	2	65	4	61	5	64	10
	3	64	9	65	11	74	13	65	1	62	−3	62	0	65	2	59	4	62	8
	4	66	8	66	12	75	14	65	0	64	−3	62	−1	64	2	59	2	63	7
	5	63	7	66	10	73	12	63	−1	65	−4	61	−1	63	2	59	3	62	8
平均位置偏差 Xi		65.00	9.20	66.80	12.40	75.00	13.60	65.00	0.60	64.20	−2.00	62.00	0.60	64.80	3.20	60.40	3.80	63.60	9.20
标准位置偏差 Si		1.14	1.60	1.72	2.06	1.67	1.02	1.26	1.36	2.23	1.79	1.10	1.62	1.33	1.60	1.96	1.17	1.85	2.14
4Sj		5.66	6.40	6.88	8.24	6.69	4.08	5.06	4.43	8.91	7.16	4.38	6.50	5.31	6.40	7.84	4.66	7.42	8.54
双向重复定位精度		61.83		61.96		66.79		69.64		74.23		66.84		67.45		62.85		62.38	
Xj+2Sj		67.83	12.40	70.24	16.52	78.35	15.64	67.53	3.31	68.65	1.58	64.19	3.85	67.45	6.40	64.32	6.13	67.31	13.47
Xj−2Sj		62.17	6.00	63.36	8.28	71.65	11.56	62.47	−2.11	59.75	−5.58	59.81	−2.65	62.15	0.00	56.48	1.47	59.89	4.93
Bj−Xj ↑ −Xj ↓		55.80		54.40		61.40		64.40		66.20		61.40		61.60		56.60		54.40	
反向值绝对值		55.80		54.40		61.40		64.40		66.20		61.40		61.60		56.60		54.40	
误差		定位精度 A=MAX（Xj+28j）−MIN（Xj−28j）=83.92																	
		重复定位精度 R=MAX（Ri）=74.23																	
		反向值 B=MAX（ABSBj）=66.20																	

图 3–2–5　标准检验循环图

三、补偿实例

现以加工中心的 X 轴为例，该机床配置华中数控世纪星系统。测量方法为步距规测量。

1．测试步骤

在首次测量前，开机进入系统（华中数控 HNC-2000 或 HNC-21M），依次按下“F3 参数”键、“F3 输入权限”键，进入下一子菜单，点击“F1 数控厂家参数”，输入数控厂家权限口令，初始口令为“NC”或者“CNC”，按“回车”键，再按“F1 参数索引”键，再按“F4 轴补偿参数”键，如图 3-2-6 所示。

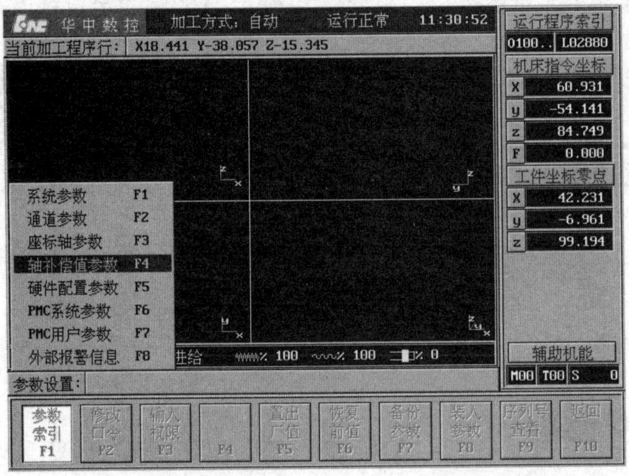

图 3-2-6　参数索引界面

移动光标选择“0 轴”，按回车键，即进入系统 X 轴补偿参数界面，如图 3-2-7 所示。将系统的反向间隙、螺距补偿参数全部设置为零，按“Esc”键，界面出现对话

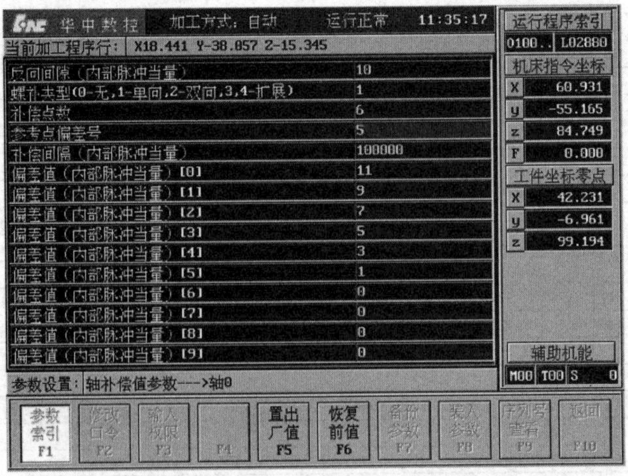

图 3-2-7　系统轴补偿参数界面及单向补偿后的数据设置

框“是否保存修改参数？”，按“Y”键后保存修改后的参数。按“F10”键回到主界面，再按“Alt+X”键，退出系统，进入DOS状态，按“N”键，回车进入系统；编制步距规的测量程序，实现图3-2-4所示测量循环，程序名为“OBJG”，程序详见附件1。将步距规实际尺寸 P_1、P_2、…、P_i 填入测量程序的变量中。

将步距规置于工作台的中间位置，注意步距规的方向，P_0 点朝向 X 轴负向，用压板轻轻固定，并用百分表将步距规轴线与 X 轴导向导轨校平行，平行度允差 0.02 mm；

使工作台沿 X 轴向回零，Y 轴置于行程中间位置；将杠杆千分表固定在主轴箱上（不移动），表头接触在 P_0 点，表针置零。步距规安装示意图如图3-2-8所示。

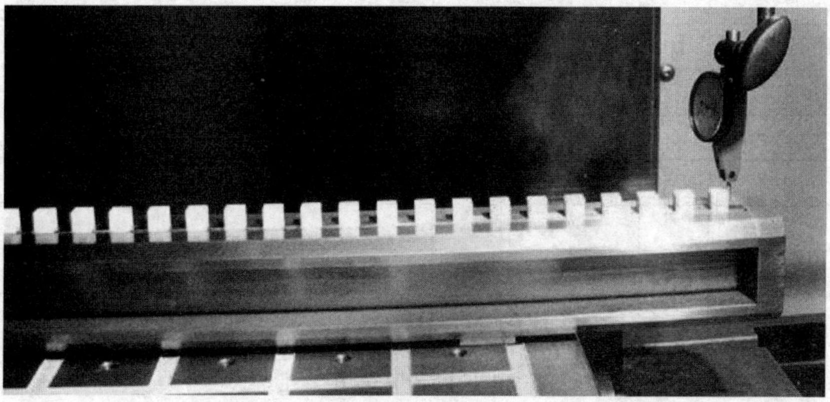

图 3-2-8　步距规安装示意图

将波段开关置于“单段”，进给修调置于“100%”，选择检测程序“OJX”，重复按“循环启动”，当程序执行到“N05”行时。将表针再次置零，再将波段开关置于“自动”后，按“循环启动”开始测量。在测量完成前不应调整杠杆千分表表针。

在测量程序运行中，当工作台运动到目标位置时，表头接触到步距规测量面，测量程序设置有暂停3 s（G04X3），此时记下表针读数，记录在“测试记录表”中。例如，在第一次测量，工作台负向运动到 P_1 点时表针读数为“6”时，读数“6”记录在“P_1，↑，X_1”位置。如表3-2-1所示。

测量5次循环，并将读数记录到“测试记录表”中。停止运行，将表头移开测量面。

2. 数据处理

按《机床检验通则第2部分数控轴线定位精度和重复定位精度的确定》（GB/T 17421.2—2016），对数据进行处理，计算出“平均位置偏差 $\overline{X}$”“反向差值 B_i”和“平均反向值 $\overline{B}_i$”

3. 误差补偿

按测试步骤，进入系统 X 轴补偿参数表，如表3-2-1所示进行处理。

（1）反向间隙补偿。

将记录表中计算所得的轴线平均反向差值 $\overline{B}_i$ 写入系统 X 轴补偿参数表的“反向间隙（内部脉冲当量）”后的数据栏；

（2）单向螺距补偿。

将“螺距补偿类型”设为“1”，“补偿点数”设为“6”，“补偿间隔” 设为“100000”，“参考点偏差号”为“5”

将“记录表”中“平均位置偏差 X_i ↑”的值填入表 3-2-1。

表 3-2-1　X 轴补偿参数表

机床型号及名称					测试坐标			轴	检验员			
机床编号					测试温度			℃	检测时间			
目标位置序号		1		2		3		4		5		6
目标位置序号 P_j mm	100.1000											
越近方向	↑	↓	↑	↓	↑	↓	↑	↓	↑	↓	↑	↓
位置偏差 I=1												
2												
3												
4												
5												

将 $\overline{x}_0$ ↑值“1”填入“偏差值（内部脉冲当量）［5］”；

将 $\overline{x}_1$ ↑值“3”填入“偏差值（内部脉冲当量）［4］”；

将 $\overline{x}_2$ ↑值“5”填入“偏差值（内部脉冲当量）［3］”；

将 $\overline{x}_3$ ↑值“7”填入“偏差值（内部脉冲当量）［2］”；

将 $\overline{x}_4$ ↑值“9”填入“偏差值（内部脉冲当量）［1］”；

将 $\overline{x}_5$ ↑值“11”填入“偏差值（内部脉冲当量）［0］”。

补偿后的参数如图 3.7 所示。单向补偿后，按上述测试步骤再次进行定位精度的测量，并进行数据处理。计算出 X 轴线单向补偿后的定位精度和重复定位精度。

（3）双向螺距补偿。

按“测试步骤”所述步骤进行数据测量和处理，按下述步骤输入补偿参数：将“反向间隙”值设为“0”，“螺距补偿类型”设为“2”，“补偿点数”设为“6”，“补偿间隔”设为“100000”，“参考点偏差号”为“5”。

将“记录表”中“平均位置偏差 $\overline{X}_i$ ↑”的值填入“X 轴补偿参数表”的“偏差值［ ］内：

即将 Xi ↑值“1”填入“偏差值（内部脉冲当量）［11］”

将 $\overline{x}_1$ ↑值“3”填入“偏差值（内部脉冲当量）［10］”

将 $\overline{x}_2$ ↑值“5”填入“偏差值（内部脉冲当量）［9］”

将 $\overline{x}_3$ ↑值“7”填入“偏差值（内部脉冲当量）［8］”

将 $\overline{x}_4$ ↑值“9”填入“偏差值（内部脉冲当量）［7］”

将 $\overline{x}_5$ ↑值“11”填入“偏差值（内部脉冲当量）［6］”

将 $\overline{x}_0$ ↓值“2”填入“偏差值（内部脉冲当量）[5]”
将 $\overline{x}_1$ ↓值“4”填入“偏差值（内部脉冲当量）[4]”
将 $\overline{x}_2$ ↓值“6”填入“偏差值（内部脉冲当量）[3]”
将 $\overline{x}_3$ ↓值“8”填入“偏差值（内部脉冲当量）[2]”
将 $\overline{x}_4$ ↓值“10”填入“偏差值（内部脉冲当量）[1]”
将 $\overline{x}_5$ ↓值“12”填入“偏差值（内部脉冲当量）[0]”

双向补偿后的参数如图 3-2-9 所示。

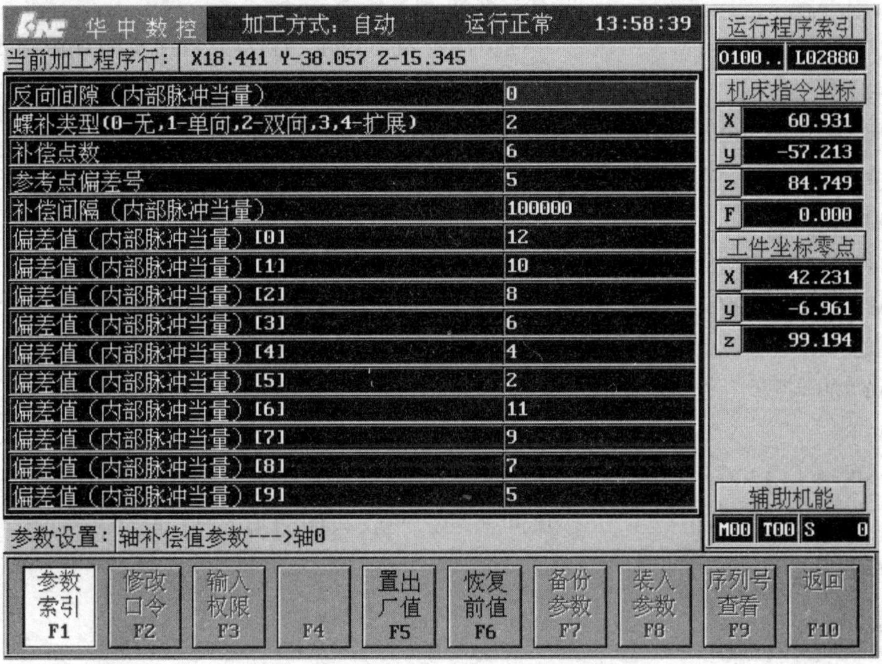

图 3-2-9　双向螺距误差补偿

补偿参数输入完成后，按“Esc”键，界面会出现“是否保存修改参数？”对话框，按“Y”键后保存修改后的参数。按“F10”键回到主界面，再按“Alt+X”键，退出系统，进入 DOS 状态，按“N”回车进入系统，偿后的参数数值即开始生效。双向补偿后，按测试步骤，再次进行定位精度的测量并进行数据处理。计算出 X 轴线双向补偿后的定位精度和重复定位精度。

附件一

数控车床 Z 轴使用步距规测量程序下如。

```
%0001              ；文件头
G92 X0  Z0         ；建立临时坐标
WHILE［TRUE］       ；循环次数不限，即死循环
#1=100.002         ；输入 P1 点尺寸
```

```
#2=100.001              ; 输入P2点尺寸
#3=100.000              ; 输入P3点尺寸
#4=100.003              ; 输入P4点尺寸
#5=99.999               ; 输入P5点尺寸
G90 G01 Z5 F1500        ; Z轴正向移动5 mm
G01 X-15 F1500          ; X轴正向移动15 mm，将表头从步距规测量面上移开
N05 Z0                  ; Z轴负向移动5 mm后返回测量位置，并消除反向间
                          隙，此时测量系统清零
G01 X0 F300             ; X轴负向移动5 mm，让表头回到步距规测量面
G04 P3                  ; 暂停3 s，记录表针读数
G01 X-15 F1500
Z-#1                    ; 负向移动，使表头移动到（i=1，Pi=P1，下同）点
X0 F300
G04 P3                  ; 暂停3 s，记录表针读数
G01 X-15 F1500
Z-#2                    ; 负向移动，使表头移动到P2点
X0 F300
G04 P3
G01 X-15 F1500
Z-#3                    ; 负向移动，使表头移动到P3点
X0 F300
G04 P3
G01 X-15 F1500
Z-#4                    ; 负向移动，使表头移动到P4点
X0 F300
G04 P3
G01 X-15 F1500
Z-#5                    ; 负向移动，使表头移动到P5点
X0 F300
G04 P3
G01 X-15 F1500
Z-（#5+5）              ; 负向移动5 mm（越程）
Z-#5                    ; 越程后正向移动至P5点
X0 F300
G04 P3
G01 X-15 F1500
Z-#4                    ; 正向移动到P4点
```

```
X0 F300
G04 P3
G01 X-15 F1500
Z-#3                    ; 正向移动到P3点
X0 F300
G04 P3
G01 X-15 F1500
Z-#2                    ; 正向移动到P2点
X0 F300
G04 P3
G01 X-15 F1500
Z-#1                    ; 正向移动到P1点
X0 F300
G04 P3
G01 X-15 F1500
Z0                      ; 正向移动到P0点
X0 F300
G04 P3
ENDW
M02
```

任务3　激光干涉仪对螺距误差产生补偿方法及应用

◇任务简介◇

本任务主要是熟悉激光干涉仪、激光干涉仪干涉测量法原理以及激光干涉仪线性测量原理，激光干涉仪的应用范围及优点、雷尼绍（Renishaw）激光干涉仪系统的使用等基础知识，使初学者初步掌握激光干涉仪的使用方法，为下一步学习激光干涉仪对螺距误差产生补偿打下坚实的基础。

◇学习目标◇

1. 了解激光干涉仪。
2. 了解激光干涉仪干涉测量法原理。
3. 了解激光干涉仪线性测量原理。
4. 了解激光干涉仪应用范围及优点。
5. 雷尼绍（Renishaw）激光干涉仪系统的使用。

◇知识要点◇

一、了解激光干涉仪

现代激光干涉技术是在人类关于光学的几乎全部知识的基础上发展起来的。激光与普通光相比，具有一些独特的性质：单色性好、相干性好、方向性好、亮度高。激光干涉仪是以激光波长为已知长度，利用迈克尔逊干涉系统，测量位移的通用长度测量，其广泛运用于各个领域，已经成为人类认知世界的重要工具。

激光干涉仪是利用激光的波长作为长度最小单位，对数控设备（加工中心、数控车床、数控铣床等）的位置精度（反向间隙、定位精度、重复定位精度等）、几何精度（俯仰扭摆角度、直线度、垂直度、平行度等）进行精密测量的仪器。

1. 激光

（1）受激吸收（简称吸收）。

处于较低能级的粒子在受到外界的激发（即与其他的粒子发生了有能量交换的相互作用，如与光子发生非弹性碰撞），吸收了能量，跃迁到与此能量相对应的较高能级，这种跃迁称为受激吸收。

（2）自发辐射。

粒子受到激发而进入的高能态，不是粒子的稳定状态，如存在着可以接纳粒子的较低能级，即使没有外界作用，粒子也有一定的概率，自发地从高能级（E2）向低能级（E1）跃迁，同时辐射出能量为 E2–E1 的光子，光子频率 =（E2–E1）/h，这种辐射过程称为自发辐射。众多原子以自发辐射发出的光，不具有相位、偏振态、传播方向上的一致性等特性，是物理上所说的非相干光。

（3）受激辐射。

1917 年，爱因斯坦在发表的论文中指出：除自发辐射外，处于高能级 E2 上的粒子还可以另一方式跃迁到较低能级。他指出，当频率为（E2–E1）/h 的光子入射时，也会引发粒子以一定的概率，迅速地从能级 E2 跃迁到能级 E1，同时辐射一个与外来光子频率、相位、偏振态以及传播方向都相同的光子，这个过程称为受激辐射。

可以设想，如果大量原子处在高能级 E2 上，当有一个频率 =（E2–E1）/h 的光子入射，从而激励 E2 上的原子产生受激辐射，得到两个特征完全相同的光子；这两个光子再激励 E2 能级上的原子，又使其产生受激辐射，可得到四个特征相同的光子，这意味着原来的光信号被放大了。这种在受激辐射过程中产生并被放大的光就是激光。

激光的输出可视为正弦光波，如图 3–3–1 所示。

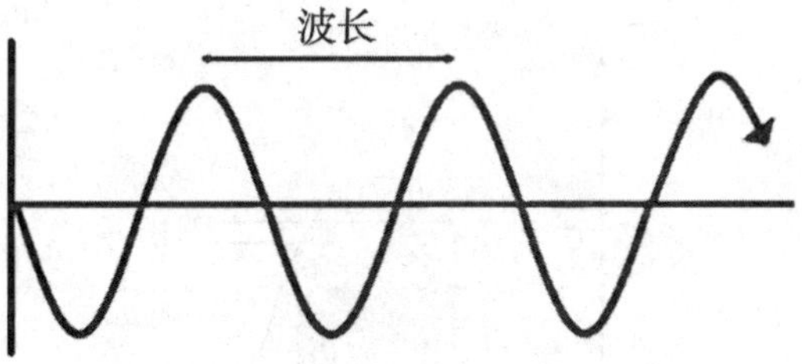

图 3–3–1

从激光头射出的光波有三个关键特性：

①波长精确已知，能够实现精确测量；

②波长很短，能够实现精密测量或高分辨率测量；

③所有光波均为同向，能够实现干涉条纹；

2. 氦氖激光管

（1）大多数现代位移干涉仪都是用氦氖激光管，这些激光管具有 633 nm 的波长输出。

（2）氦氖激光管的构成如图 3–3–2 所示。

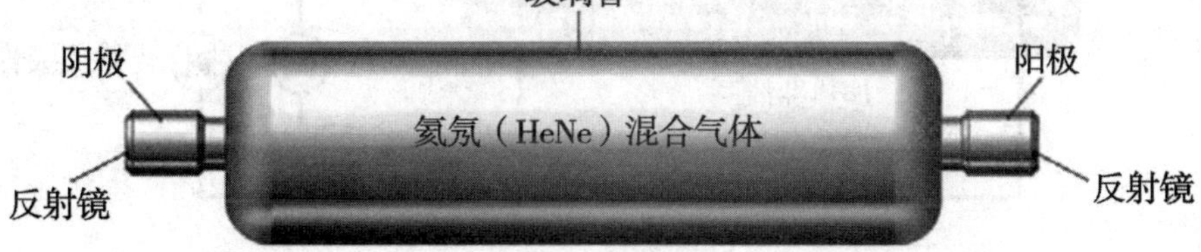

图 3–3–2

（3）当高压连接在阳极和阴极之间时，混合气体被激发，形成激光光束。

（4）当激光光束在两个反射镜之间来回共振时，激光光强被放大。

（5）一些光透射出阳极反射镜，成为输出激光光束，如图 3–3–3 示。

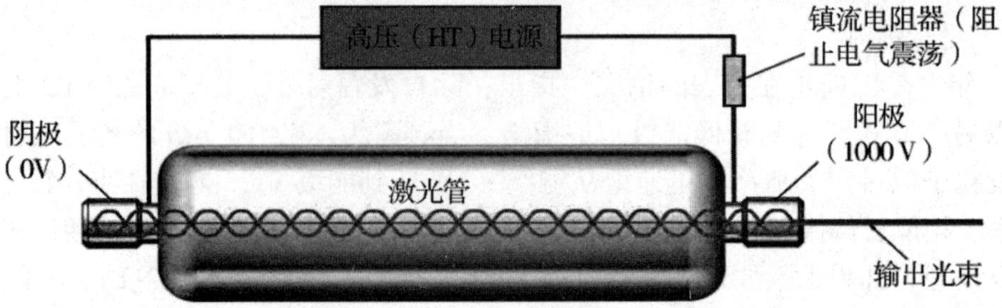

图 3–3–3

（6）激光光束包含两种正交模式。

（7）激光增益曲线，如图 3–3–4 所示。

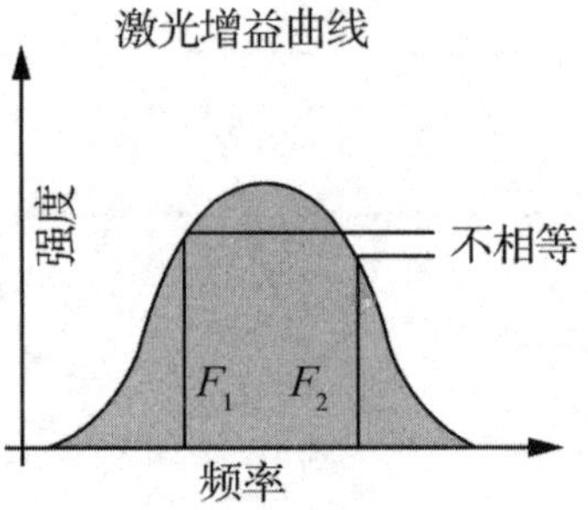

图 3–3–4

（8）两种模式的强度用光敏二极管测量，通过加热器控制激光管长度来实现平衡，这使激光稳频精度保持在 ±0.05 ppm 以内。

（9）激光实现稳定输出后，即可用于进行干涉测量，如图 3–3–5 示。

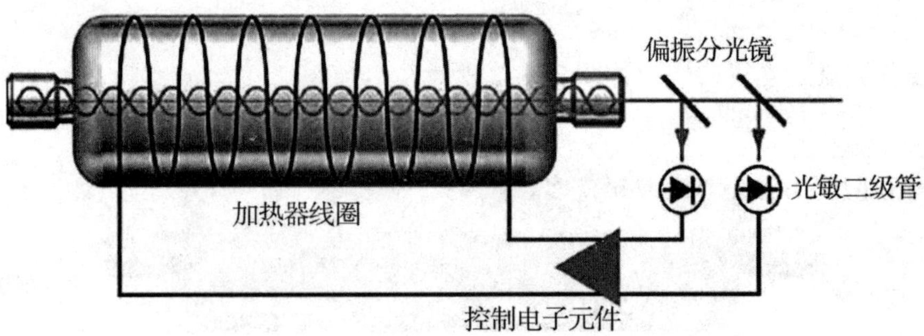

图 3–3–5

二、激光干涉仪干涉测量法原理

1. 线性干涉原理。

（1）激光头发出的光被分光镜（A）分成两束光，图 3–3–6 所示。

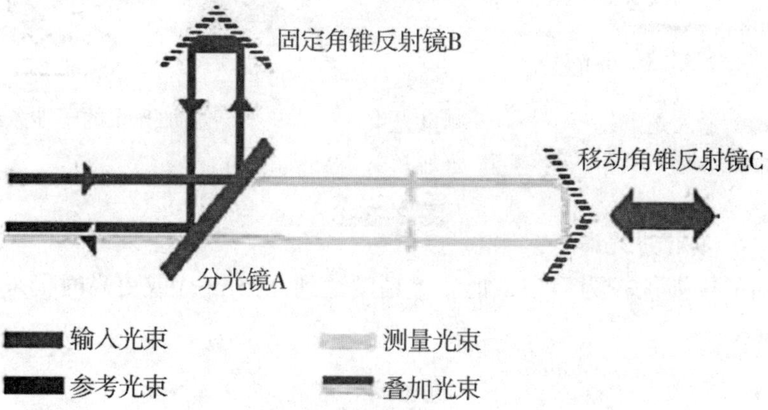

图 3–3–6

注：干涉镜分为多种，为简单起见，这里所述的是线性角锥反射镜系统。

（2）大约一般激光被射到固定角锥反射镜（B）上，形成参考光束，另一半激光射到移动角锥反射镜上（C）上，形成测量光束。

2. 角锥反射镜

（1）角锥反射镜常用玻璃制成，经打磨和抛光后形成三面直角棱镜。

（2）角锥反射镜是将输入光束以平行于来光的方向反射回去，这使光束准直过程简单易行，并确保测量光束和参考光束在叠加时保持平行，如图 3–3–7 示。

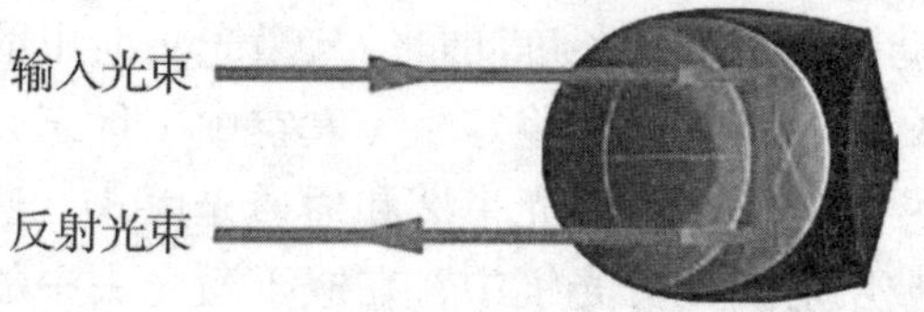

图 3–3–7

（3）角锥反射镜将两束光返回到分光镜中，光束叠加并彼此干涉；

3. 运动测量

如果测量光路长度改变（角锥反射镜 C 移动），干涉光束的相位将改变，由此产生的相长干涉和取消干涉的循环将导致叠加光束强度的明暗周期变化；角锥反射镜每移动 316 nm，就会出现一个光强变化循环（明—暗—明）；通过计算这些循环来测量移动。通过这些循环之间进行相位细分，实现更高分辨率的测量，如图 3–3–8 示。

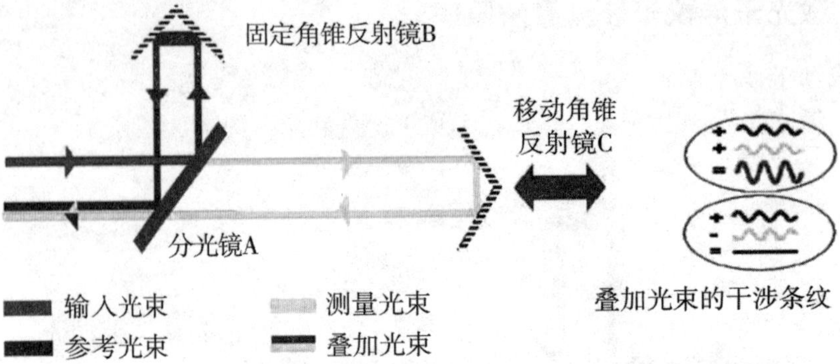

图 3–3–8

尽管目前的干涉仪较为精密，但测量精度达到 0.05 ppm 或更高时仍采用此原理，如图 3–3–9 示。

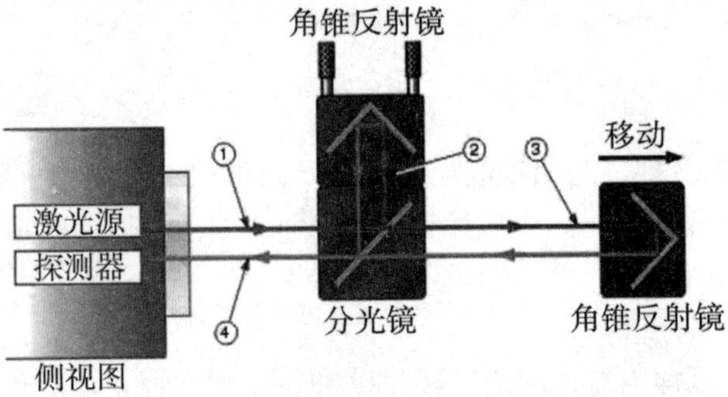

图 3–3–9

一个角锥反射镜紧紧固定在分光镜上，形成固定长度的参考光束，另一个角锥反射镜相对于分光镜移动，形成变化长度测量；从激光头射出的激光光束①具有单一频率，标称波长为 0.633 μm，长期波长稳定性（真空中）优于 0.05 ppm。当光束达到偏振分光镜时，被分成两束光——反射光束②和通透光束③。这两束光被传送到各自的角锥反射镜中，然后被反射回到分光镜中，在嵌于激光头中的探测器中形成干涉光束。如果两光程差不变化，探测器将在相长干涉和相消干涉两端之间的某个位置观察到一个稳定的信号；如果两光程差发生变化，每次光路变化时，探测器都能观察到相长干涉和相消干涉两端之间的信号变化，这些变化（条纹）会被读出来，用于计算两光程差的变化，测量的长度等于条纹数乘以激光波长的一半（注：气温和压力会影响测量值，用于测量的波长值也需要对这些环境参数进行补偿）。

三、激光干涉仪线性测量原理

要对线性测量进行设定，使用随附的两个外加螺丝将其中的一个线性反射镜安装在分光镜上，这个组合装置称为“线性干涉镜”，它形成激光光束的参考光路，线性干涉镜放置在激光头和线性反射镜之间的光路上，如图 3–3–10、图 3–3–11、图 3–3–12 所示。

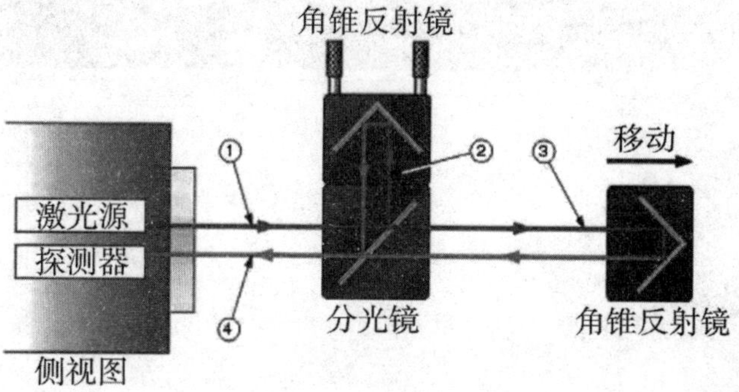

图 3–3–10

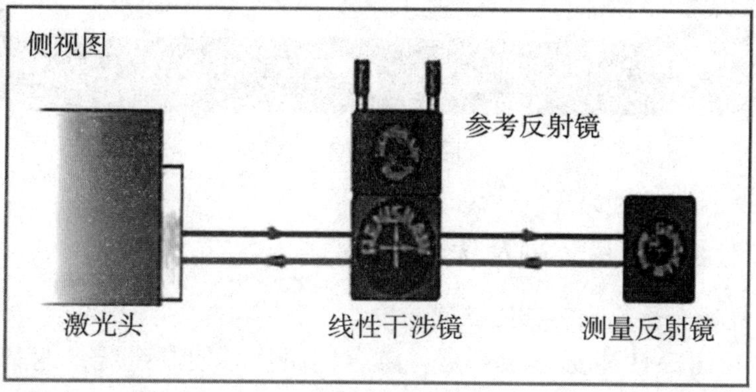

图 3–3–11

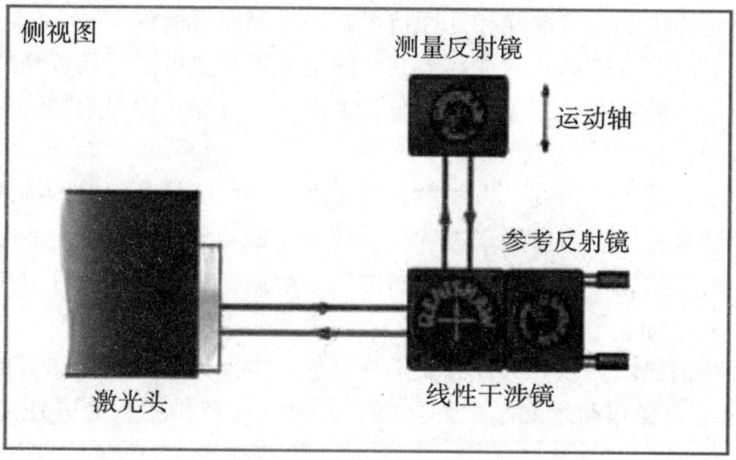

图 3–3–12

数据采集方法如下：将机床沿着测试轴移动到若干个不同位置，然后测量误差，可以编写程序实现机床动作，使机床被测轴从一个目标移动到另一个目标，并在每个目标位置暂停几秒，以便让系统采集到数据，如图 3–3–13 所示。

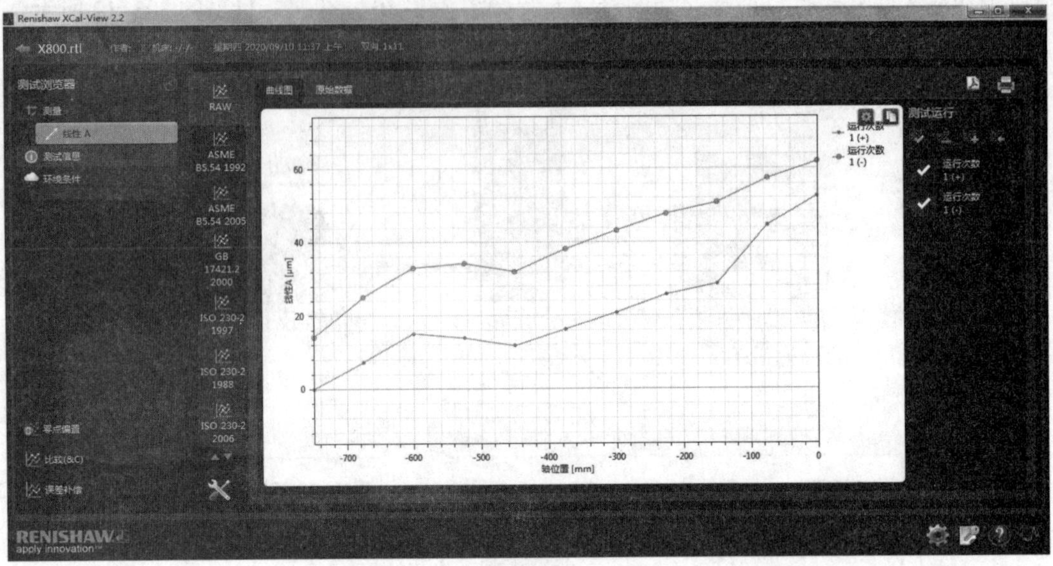

图 3–3–13

四、激光干涉仪应用范围及优点

1. 测量精度高、速度快，稳定性好

（1）使用美国高性能氦氖激光器，结合伺服稳频控制系统，达到高精度稳频（0.05 ppm）。

（2）以光波长（633 nm）为测量单位，分辨率可达纳米级。

（3）使用高速光电信号采样和处理技术，测量速度可达到 4 m/s。

（4）配合有环境补偿单元，在环境变化的情况下，也可以得到较高的测量精度。

（5）分离式干涉镜设计，避免了测量镜组由于主机发热而引起的镜组形变

2. 应用范围广

（1）可以实现线性、角度、直线度、垂直度、平面度等几何量的检测。

（2）结合软件系统，可以用于速度、加速度、振动分析以及稳定度等的分析。

（3）可实时监控精密加工机床等机器的动态数据，进行动态特性分析。

3. 软件界面友好

（1）使用当前热门的软件界面开发工具，软件界面人性化，操作简单。

（2）将静态测量和动态测量两种功能合并到一个软件中，更方便用户切换测量类型。

（3）向导式操作，流程清晰，更符合国内用户的使用习惯。

4. 性价比高

性能达到了国外仪器的水准，价格却是国内仪器的价格。

五、雷尼绍（Renishaw）激光干涉仪系统的使用

1. 系统综述

雷尼绍激光干涉仪基本系统是由光学组件和设备组成，其中包括 ML80GOLD 激光头（带三脚架）、DX10 控制接口卡。光学器组件可按测量应用种类的要求分组任选，并可配置成各种不同应用组合。EC10 环境补偿单元也是任选件，它可在线性位置精度测量中连续自动补偿周围环境条件的变化。

雷尼绍激光干涉仪系统主要用于数控机床及三坐标测量机位置精度和几何精度的评价与标定。其功能强大，可以测量线性位移、速度、角度（俯仰和扭摆）、直线度、平面度、垂直度和平行度误差。

2. 主要设备和光学组件（表 3-3-1）

表 3-3-1　雷尼绍激光干涉仪系统的主要设备和光学组件

<table>
<tr><th>序号</th><th>名称</th><th>图示</th></tr>
<tr><td>1</td><td>激光头</td><td></td></tr>
<tr><td>2</td><td>线性测量组件</td><td>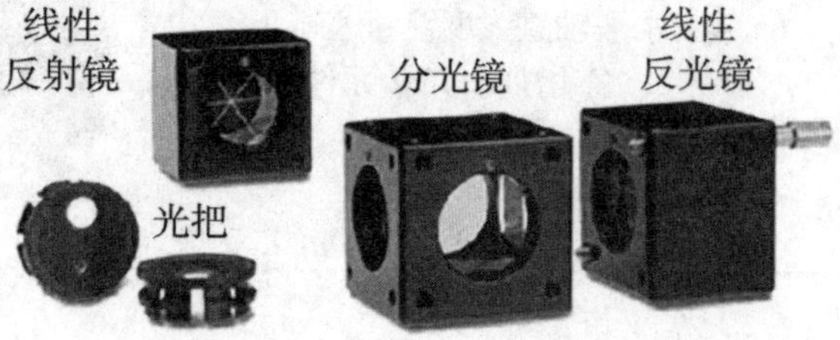
</td></tr>
<tr><td>3</td><td>角度测量组件</td><td>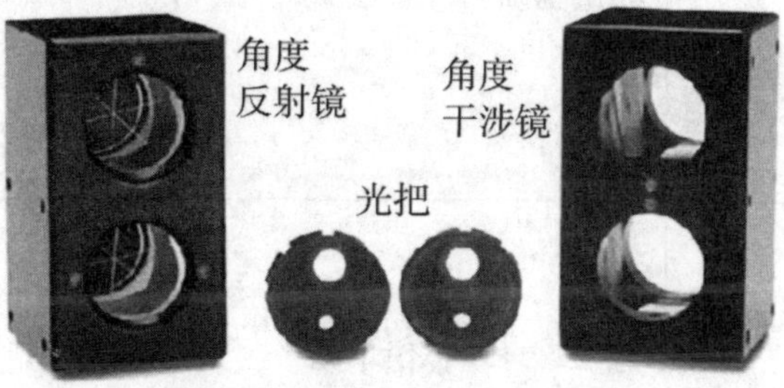
</td></tr>
</table>

续表

序号	名称	图示
4	平面度测量组件	
5	水平轴直线度测量组件	
6	垂直轴直线度测量组件（在水平轴直线度测量基础上，需增加的光学元件）	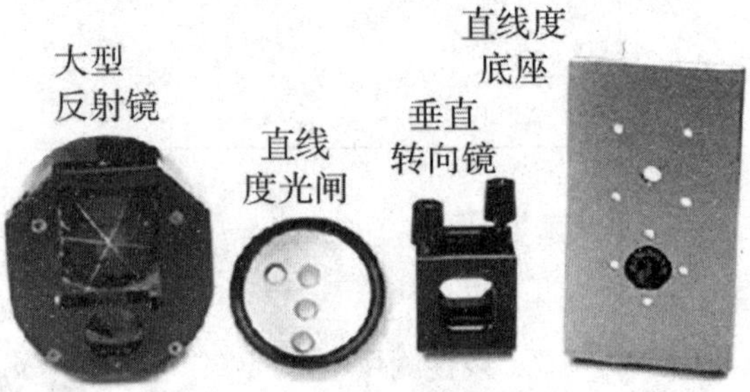
7	垂直度测量组件（在直线度测量基础上，需增加的光学元件）	
8	环境补偿单元	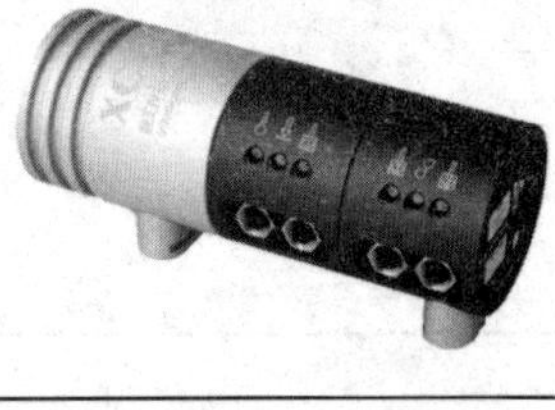

续表

序号	名称	图示
9	云台	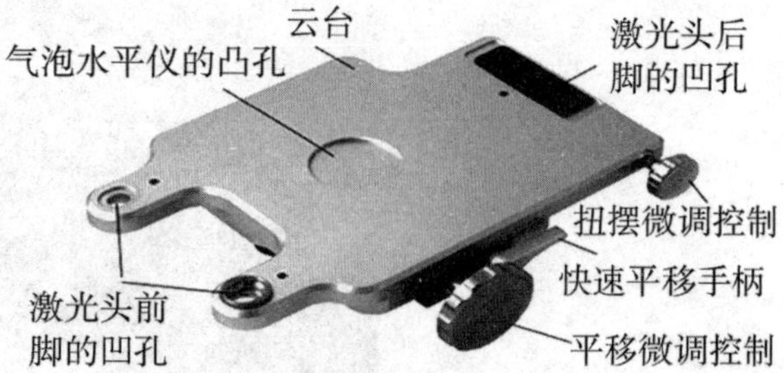
10	三角架	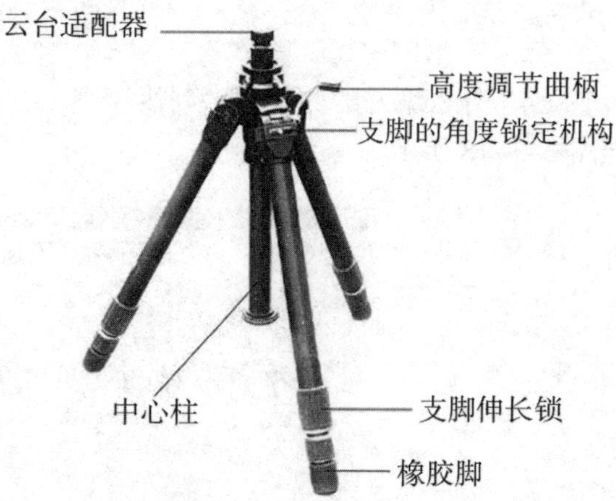
11	安装附件	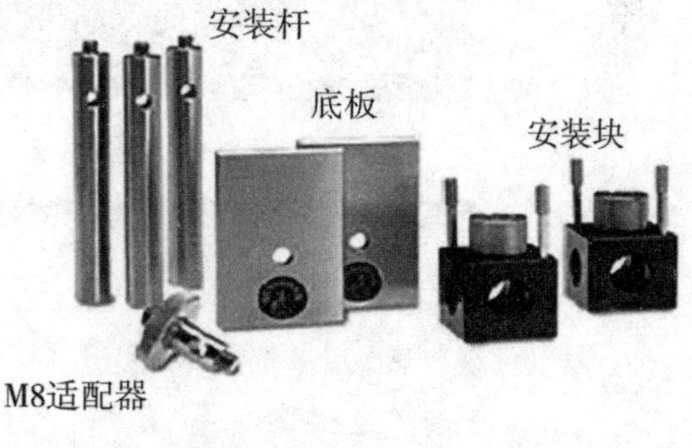

3. 使用雷尼绍（Renishaw）激光干涉仪系统对螺距误差产生补偿

（1）安装好激光干涉仪，保证在测量全过程内激光干涉仪都可以正确读取到数据。

（2）打开笔记本上的 RENISHAW XL-80 系统，连接好各部分通信线，使电脑和激光干涉仪成功连接。

（3）进行对光操作，记住“近端调机床位移，远端调激光角度”的口诀，迅速对好光，如图 3-3-14 所示。

图 3-3-14

（4）导入编好的测量程序到机床中，准备好软件中的各种参数，具体如图 3-3-15 至图 3-3-18 所示。

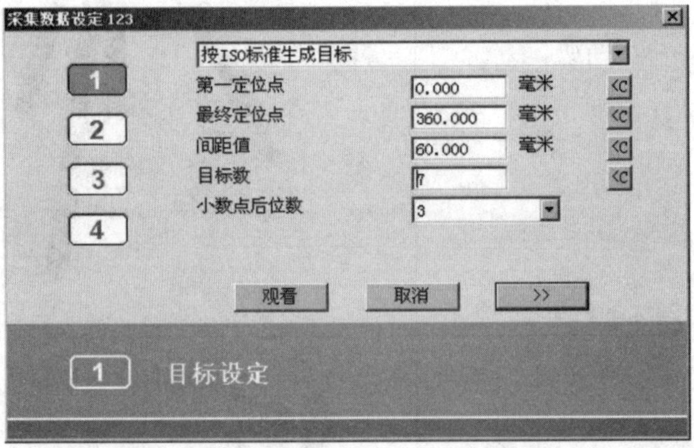

图 3-3-15

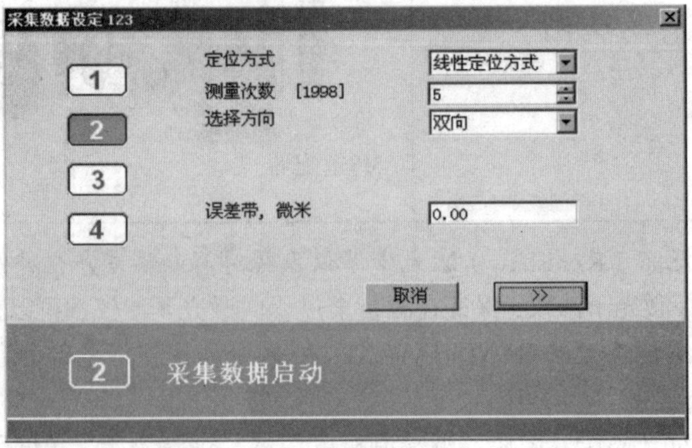

图 3-3-16

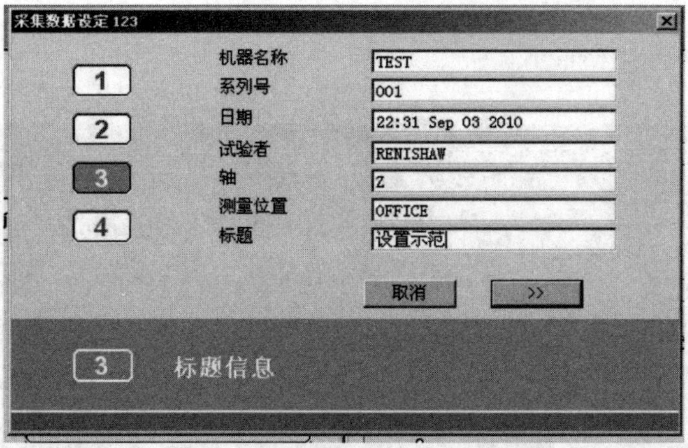

图 3-3-17

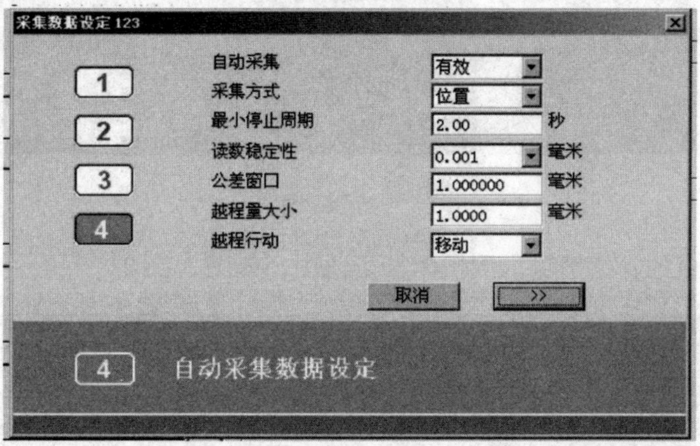

图 3-3-18

（5）先启动测量软件 RENISHAW XL-80 系统，然后再运行机床中刚导入的测量程序，此时已经开始采集数据，如图 3-3-19 所示。

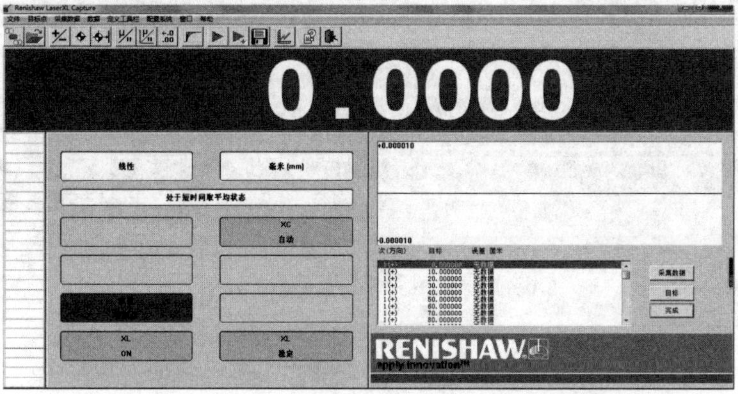

图 3-3-19

（6）采集完毕后保存数据，然后在分析软件 RENISHAW XL-80 中分析数据，生成补偿值，具体如图 3-3-20 所示。

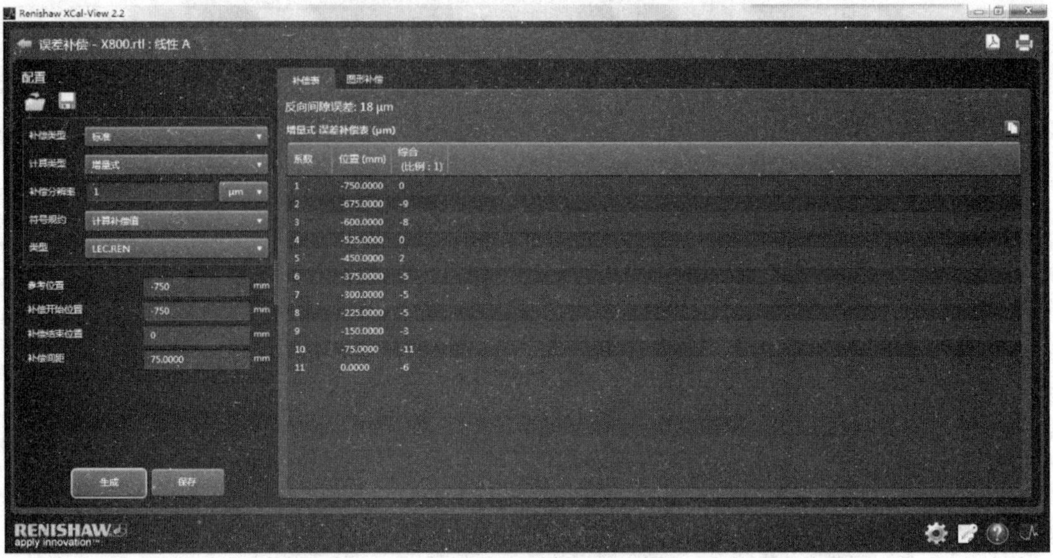

图 3-3-20

（7）将生成的补偿值输入到机床补偿值中，如图 3-3-21 所示。

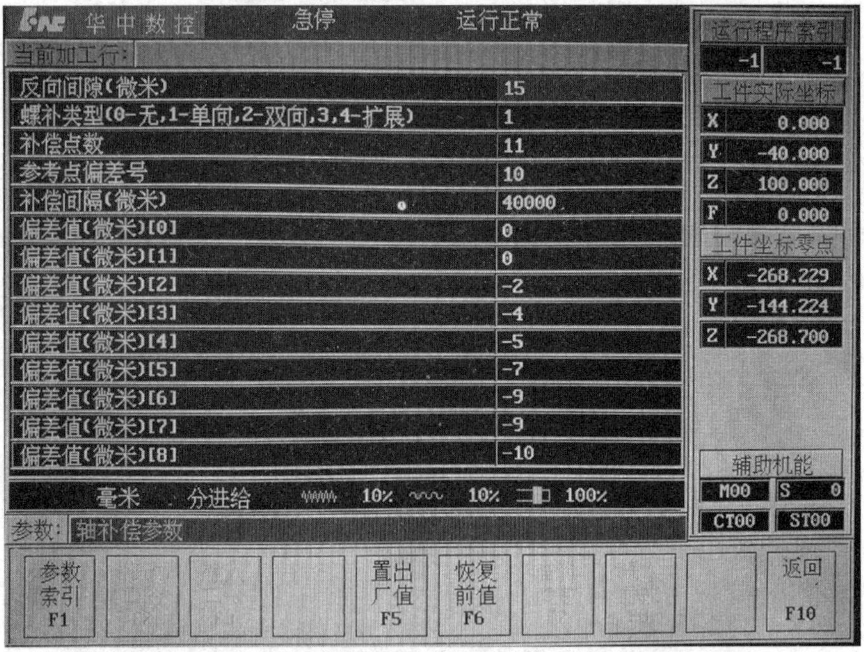

图 3-3-21

接着进行检验，若数据未在到达允许范围内，再重复上述步骤，再一次补偿，直到达到最佳即可。

六、警告

（1）为避免伤害眼睛，请勿直视激光头射出的光束。

（2）不要让激光光束直射或者通过光学元件或任何其他反射面反射到自己的眼睛或任何其他人的眼睛。

（3）从侧面观看激光是比较安全的。

参考文献

[1] 刘树青，吴金娇 . 数控机床电气设计与调试 [M]. 北京：机械工业出版社，2019.

[2] 王振臣，齐占庆 . 机床电气控制技术 [M].5 版 . 北京：机械工业出版社，2013.

[3] 王钢 . 数控机床调试、使用与维护 [M]. 北京：机械工业出版社，2006.

[4] 耿春波 .FANUC 数控系统维修与调试难点及技巧图解 [M]. 北京：机械工业出版社，2018.

[5] 刘江，卢鹏程，许朝山 .FANUC 数控系统 PMC 编程 [M]. 北京：高等教育出版社，2011.

[6] 黄广文，邵泽强，韩亚兰 .FANUC 数控系统连接与调试 [M]. 北京：高等教育出版社，2011.

[7] 李宏胜，朱强，曹锦江 .FANUC 数控系统维护与维修 [M]. 北京：高等教育出版社，2011.

[8] 邓三鹏 . 数控机床结构与维修 [M].2 版 . 北京：国防工业出版社，2011.